DIVISION
Timed Tests

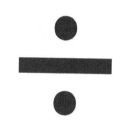

THIS BOOK BELONGS TO

SCHOLASTIC PANDA EDUCATION

ISBN: 978-1-953149-37-4

Copyright © 2021 by Scholastic Panda Education

Table of Contents

<u>Answer key in the back</u>

DIVISION BASICS

Division is the **opposite**, or inverse operation of multiplication. Division is an operation in which a quantity is divided (separated) into groups.

- **Dividend** - The quantity, or number, being divided.
- **Divisor** - The number that divides the dividend.
- **Quotient** - The number, not including any remainder, that results from dividing.
- **Remainder** - The amount left over when a number cannot be divided evenly.

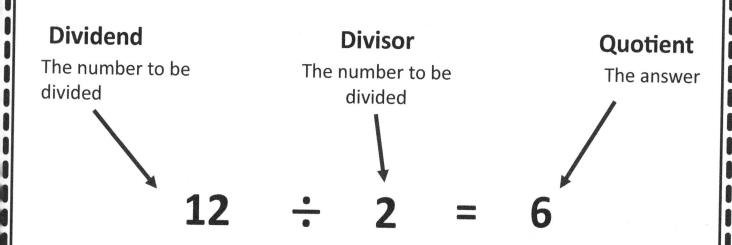

Dividend
The number to be divided

Divisor
The number to be divided

Quotient
The answer

$$12 \div 2 = 6$$

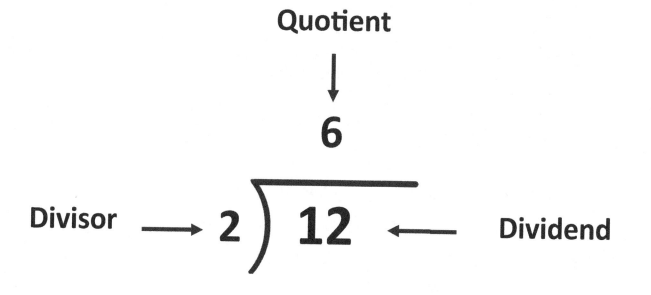

Quotient

6

Divisor → 2) 12 ← **Dividend**

LEARNING DIVISION

Because division and multiplication are inverse operations, you can use your understanding of basic multiplication facts to learn basic division facts.

$2 \times 5 = 10$	$10 \div 2 = 5$	$10 \div 5 = 2$
$4 \times 3 = 12$	$12 \div 4 = 3$	$12 \div 3 = 4$
$8 \times 2 = 16$	$16 \div 8 = 2$	$16 \div 2 = 8$
$3 \times 6 = 18$	$18 \div 3 = 6$	$18 \div 6 = 3$
$6 \times 7 = 42$	$42 \div 6 = 7$	$42 \div 7 = 6$

The division problem **16 ÷ 8 = 2** can also be written like the below example:

$$8 \overline{)16} = 2$$

As you can see in this example, 16 is the dividend, 8 is the divisor and 2 is quotient.

Quick Tip!

You can check your answer to a division problem by multiplying the quotient by the divisor. The product should be equal to the dividend.

$$8 \overline{)16} = 2 \qquad 8 \times 2 = 16$$

More examples below:

$$7 \overline{)49} = 7 \qquad 6 \overline{)24} = 4 \qquad 5 \overline{)50} = 10 \qquad 8 \overline{)72} = 9 \qquad 4 \overline{)36} = 9$$

GIVE IT A TRY!! PRACTICE TIME

1	2	3	4	5
$7 \overline{)28}$	$6 \overline{)12}$	$9 \overline{)54}$	$9 \overline{)99}$	$4 \overline{)32}$

MAKING SENSE OF LONG DIVISION

Long division is a method used when dividing a large number (usually three digits or more) by a two-digit (or more) number.

In the below example, we'll go through all the steps to find the answer.

$$15 \overline{) 3640}$$

$$
\begin{array}{r}
2 \\
15 \overline{)3640} \\
-30 \\
\hline
6
\end{array}
$$

1) 15 doesn't go into 3, so you have to look at the next digit.

2) 15 does go into 36, two times, so put a 2 above the 6.

$$15 \times 2 = 30$$

3) Subtract 30 from 36 to get the remainder.

$$36 - 30 = 6$$

$$
\begin{array}{r}
2\,4 \\
15 \overline{)3640} \\
-30 \\
\hline
64 \\
-\,60 \\
\hline
4
\end{array}
$$

4) Bring the 4 down to make 64. 15 goes into 64 four times. So, at the top, put a 4 above the 4.

$$15 \times 4 = 60$$

5) Subtract 60 from 64 to get the remainder.

$$64 - 60 = 4$$

$$
\begin{array}{r}
2\,4\,2 \\
15 \overline{)3640} \\
-30 \\
64 \\
-\,60 \\
\hline
40 \\
-\,30 \\
\hline
10
\end{array}
$$

6) Bring the 0 down to make 40. 15 goes into 40 two times. So, at the top, put a 2 above the 0.

$$15 \times 2 = 30$$

7) Subtract 30 from 40 to get the remainder.

$$40 - 30 = 10$$

ANSWER

242 R 10

Dividing 0's and 1's

Name	Score	Time
	/ 100	:

$1\overline{)4}$ $1\overline{)1}$ $1\overline{)2}$ $1\overline{)9}$ $1\overline{)3}$ $1\overline{)7}$ $1\overline{)5}$ $1\overline{)0}$ $1\overline{)6}$ $1\overline{)8}$

$1\overline{)2}$ $1\overline{)1}$ $1\overline{)2}$ $1\overline{)8}$ $1\overline{)1}$ $1\overline{)1}$ $1\overline{)4}$ $1\overline{)3}$ $1\overline{)7}$ $1\overline{)3}$

$1\overline{)6}$ $1\overline{)5}$ $1\overline{)8}$ $1\overline{)5}$ $1\overline{)6}$ $1\overline{)8}$ $1\overline{)3}$ $1\overline{)4}$ $1\overline{)4}$ $1\overline{)2}$

$1\overline{)5}$ $1\overline{)3}$ $1\overline{)2}$ $1\overline{)8}$ $1\overline{)5}$ $1\overline{)5}$ $1\overline{)9}$ $1\overline{)7}$ $1\overline{)9}$ $1\overline{)9}$

$1\overline{)8}$ $1\overline{)8}$ $1\overline{)1}$ $1\overline{)3}$ $1\overline{)2}$ $1\overline{)5}$ $1\overline{)8}$ $1\overline{)3}$ $1\overline{)4}$ $1\overline{)8}$

$1\overline{)6}$ $1\overline{)4}$ $1\overline{)0}$ $1\overline{)8}$ $1\overline{)1}$ $1\overline{)4}$ $1\overline{)6}$ $1\overline{)0}$ $1\overline{)5}$ $1\overline{)7}$

$1\overline{)3}$ $1\overline{)3}$ $1\overline{)0}$ $1\overline{)8}$ $1\overline{)4}$ $1\overline{)4}$ $1\overline{)1}$ $1\overline{)7}$ $1\overline{)0}$ $1\overline{)6}$

$1\overline{)8}$ $1\overline{)0}$ $1\overline{)4}$ $1\overline{)2}$ $1\overline{)3}$ $1\overline{)5}$ $1\overline{)9}$ $1\overline{)9}$ $1\overline{)8}$ $1\overline{)1}$

$1\overline{)8}$ $1\overline{)8}$ $1\overline{)1}$ $1\overline{)2}$ $1\overline{)0}$ $1\overline{)6}$ $1\overline{)3}$ $1\overline{)6}$ $1\overline{)1}$ $1\overline{)2}$

$1\overline{)0}$ $1\overline{)3}$ $1\overline{)5}$ $1\overline{)1}$ $1\overline{)3}$ $1\overline{)4}$ $1\overline{)5}$ $1\overline{)5}$ $1\overline{)2}$ $1\overline{)7}$

$1\overline{)4}$ $1\overline{)5}$ $1\overline{)6}$ $1\overline{)9}$ $1\overline{)3}$ $1\overline{)8}$ $1\overline{)1}$ $1\overline{)2}$ $1\overline{)7}$ $1\overline{)0}$

$1\overline{)2}$ $1\overline{)9}$ $1\overline{)1}$ $1\overline{)6}$ $1\overline{)4}$ $1\overline{)4}$ $1\overline{)6}$ $1\overline{)8}$ $1\overline{)8}$ $1\overline{)0}$

$1\overline{)4}$ $1\overline{)7}$ $1\overline{)9}$ $1\overline{)2}$ $1\overline{)1}$ $1\overline{)4}$ $1\overline{)8}$ $1\overline{)2}$ $1\overline{)8}$ $1\overline{)8}$

$1\overline{)8}$ $1\overline{)1}$ $1\overline{)4}$ $1\overline{)6}$ $1\overline{)0}$ $1\overline{)8}$ $1\overline{)3}$ $1\overline{)8}$ $1\overline{)7}$ $1\overline{)1}$

$1\overline{)6}$ $1\overline{)6}$ $1\overline{)8}$ $1\overline{)4}$ $1\overline{)3}$ $1\overline{)1}$ $1\overline{)9}$ $1\overline{)5}$ $1\overline{)7}$ $1\overline{)7}$

$1\overline{)2}$ $1\overline{)0}$ $1\overline{)5}$ $1\overline{)3}$ $1\overline{)1}$ $1\overline{)2}$ $1\overline{)4}$ $1\overline{)6}$ $1\overline{)3}$ $1\overline{)1}$

$1\overline{)6}$ $1\overline{)1}$ $1\overline{)4}$ $1\overline{)3}$ $1\overline{)7}$ $1\overline{)8}$ $1\overline{)1}$ $1\overline{)4}$ $1\overline{)7}$ $1\overline{)8}$

$1\overline{)1}$ $1\overline{)7}$ $1\overline{)7}$ $1\overline{)8}$ $1\overline{)4}$ $1\overline{)2}$ $1\overline{)5}$ $1\overline{)3}$ $1\overline{)9}$ $1\overline{)5}$

$1\overline{)1}$ $1\overline{)6}$ $1\overline{)0}$ $1\overline{)2}$ $1\overline{)4}$ $1\overline{)2}$ $1\overline{)3}$ $1\overline{)5}$ $1\overline{)7}$ $1\overline{)3}$

$1\overline{)8}$ $1\overline{)4}$ $1\overline{)0}$ $1\overline{)7}$ $1\overline{)7}$ $1\overline{)7}$ $1\overline{)3}$ $1\overline{)3}$ $1\overline{)5}$ $1\overline{)1}$

Dividing 2's

Name

Score / 100

Time :

$2\overline{)10}$ $2\overline{)8}$ $2\overline{)16}$ $2\overline{)22}$ $2\overline{)14}$ $2\overline{)6}$ $2\overline{)20}$ $2\overline{)2}$ $2\overline{)0}$ $2\overline{)18}$

$2\overline{)12}$ $2\overline{)4}$ $2\overline{)24}$ $2\overline{)18}$ $2\overline{)18}$ $2\overline{)4}$ $2\overline{)12}$ $2\overline{)8}$ $2\overline{)14}$ $2\overline{)6}$

$2\overline{)2}$ $2\overline{)2}$ $2\overline{)12}$ $2\overline{)20}$ $2\overline{)14}$ $2\overline{)4}$ $2\overline{)2}$ $2\overline{)18}$ $2\overline{)22}$ $2\overline{)18}$

$2\overline{)8}$ $2\overline{)8}$ $2\overline{)22}$ $2\overline{)18}$ $2\overline{)12}$ $2\overline{)12}$ $2\overline{)18}$ $2\overline{)8}$ $2\overline{)10}$ $2\overline{)14}$

$2\overline{)14}$ $2\overline{)8}$ $2\overline{)2}$ $2\overline{)6}$ $2\overline{)8}$ $2\overline{)6}$ $2\overline{)8}$ $2\overline{)2}$ $2\overline{)18}$ $2\overline{)14}$

$2\overline{)20}$ $2\overline{)20}$ $2\overline{)0}$ $2\overline{)2}$ $2\overline{)20}$ $2\overline{)24}$ $2\overline{)4}$ $2\overline{)24}$ $2\overline{)18}$ $2\overline{)4}$

$2\overline{)16}$ $2\overline{)22}$ $2\overline{)20}$ $2\overline{)22}$ $2\overline{)10}$ $2\overline{)20}$ $2\overline{)18}$ $2\overline{)20}$ $2\overline{)6}$ $2\overline{)8}$

$2\overline{)4}$ $2\overline{)24}$ $2\overline{)16}$ $2\overline{)14}$ $2\overline{)10}$ $2\overline{)6}$ $2\overline{)14}$ $2\overline{)10}$ $2\overline{)6}$ $2\overline{)18}$

$2\overline{)2}$ $2\overline{)8}$ $2\overline{)22}$ $2\overline{)6}$ $2\overline{)16}$ $2\overline{)8}$ $2\overline{)22}$ $2\overline{)18}$ $2\overline{)18}$ $2\overline{)6}$

$2\overline{)6}$ $2\overline{)16}$ $2\overline{)12}$ $2\overline{)18}$ $2\overline{)16}$ $2\overline{)6}$ $2\overline{)12}$ $2\overline{)10}$ $2\overline{)4}$ $2\overline{)22}$

	Name	Score	Time
Dividing 2's		/ 100	:

$2\overline{)6}$ $2\overline{)16}$ $2\overline{)2}$ $2\overline{)4}$ $2\overline{)12}$ $2\overline{)18}$ $2\overline{)24}$ $2\overline{)14}$ $2\overline{)22}$ $2\overline{)20}$

$2\overline{)10}$ $2\overline{)8}$ $2\overline{)0}$ $2\overline{)16}$ $2\overline{)0}$ $2\overline{)8}$ $2\overline{)8}$ $2\overline{)24}$ $2\overline{)22}$ $2\overline{)8}$

$2\overline{)10}$ $2\overline{)22}$ $2\overline{)16}$ $2\overline{)24}$ $2\overline{)22}$ $2\overline{)12}$ $2\overline{)2}$ $2\overline{)22}$ $2\overline{)2}$ $2\overline{)8}$

$2\overline{)20}$ $2\overline{)12}$ $2\overline{)16}$ $2\overline{)14}$ $2\overline{)4}$ $2\overline{)24}$ $2\overline{)6}$ $2\overline{)6}$ $2\overline{)2}$ $2\overline{)24}$

$2\overline{)16}$ $2\overline{)18}$ $2\overline{)10}$ $2\overline{)14}$ $2\overline{)2}$ $2\overline{)18}$ $2\overline{)6}$ $2\overline{)14}$ $2\overline{)2}$ $2\overline{)0}$

$2\overline{)4}$ $2\overline{)10}$ $2\overline{)18}$ $2\overline{)14}$ $2\overline{)18}$ $2\overline{)14}$ $2\overline{)4}$ $2\overline{)14}$ $2\overline{)8}$ $2\overline{)16}$

$2\overline{)8}$ $2\overline{)8}$ $2\overline{)20}$ $2\overline{)8}$ $2\overline{)16}$ $2\overline{)22}$ $2\overline{)24}$ $2\overline{)2}$ $2\overline{)10}$ $2\overline{)10}$

$2\overline{)8}$ $2\overline{)0}$ $2\overline{)8}$ $2\overline{)8}$ $2\overline{)14}$ $2\overline{)10}$ $2\overline{)16}$ $2\overline{)4}$ $2\overline{)10}$ $2\overline{)20}$

$2\overline{)12}$ $2\overline{)16}$ $2\overline{)18}$ $2\overline{)10}$ $2\overline{)14}$ $2\overline{)12}$ $2\overline{)16}$ $2\overline{)22}$ $2\overline{)10}$ $2\overline{)2}$

$2\overline{)12}$ $2\overline{)8}$ $2\overline{)14}$ $2\overline{)18}$ $2\overline{)8}$ $2\overline{)10}$ $2\overline{)22}$ $2\overline{)18}$ $2\overline{)8}$ $2\overline{)12}$

Dividing 2's

Name

Score / 100

Time :

$2\overline{)24}$ $2\overline{)6}$ $2\overline{)10}$ $2\overline{)22}$ $2\overline{)18}$ $2\overline{)0}$ $2\overline{)8}$ $2\overline{)16}$ $2\overline{)2}$ $2\overline{)14}$

$2\overline{)4}$ $2\overline{)12}$ $2\overline{)20}$ $2\overline{)4}$ $2\overline{)24}$ $2\overline{)4}$ $2\overline{)4}$ $2\overline{)6}$ $2\overline{)0}$ $2\overline{)8}$

$2\overline{)20}$ $2\overline{)6}$ $2\overline{)2}$ $2\overline{)20}$ $2\overline{)8}$ $2\overline{)2}$ $2\overline{)20}$ $2\overline{)12}$ $2\overline{)12}$ $2\overline{)10}$

$2\overline{)4}$ $2\overline{)10}$ $2\overline{)6}$ $2\overline{)14}$ $2\overline{)20}$ $2\overline{)24}$ $2\overline{)18}$ $2\overline{)2}$ $2\overline{)8}$ $2\overline{)22}$

$2\overline{)6}$ $2\overline{)22}$ $2\overline{)2}$ $2\overline{)2}$ $2\overline{)2}$ $2\overline{)6}$ $2\overline{)14}$ $2\overline{)4}$ $2\overline{)12}$ $2\overline{)10}$

$2\overline{)24}$ $2\overline{)2}$ $2\overline{)2}$ $2\overline{)20}$ $2\overline{)2}$ $2\overline{)20}$ $2\overline{)4}$ $2\overline{)20}$ $2\overline{)10}$ $2\overline{)16}$

$2\overline{)10}$ $2\overline{)12}$ $2\overline{)18}$ $2\overline{)10}$ $2\overline{)16}$ $2\overline{)8}$ $2\overline{)18}$ $2\overline{)22}$ $2\overline{)18}$ $2\overline{)0}$

$2\overline{)16}$ $2\overline{)12}$ $2\overline{)22}$ $2\overline{)10}$ $2\overline{)10}$ $2\overline{)24}$ $2\overline{)6}$ $2\overline{)2}$ $2\overline{)20}$ $2\overline{)12}$

$2\overline{)8}$ $2\overline{)10}$ $2\overline{)4}$ $2\overline{)16}$ $2\overline{)4}$ $2\overline{)20}$ $2\overline{)16}$ $2\overline{)14}$ $2\overline{)2}$ $2\overline{)4}$

$2\overline{)16}$ $2\overline{)4}$ $2\overline{)10}$ $2\overline{)8}$ $2\overline{)2}$ $2\overline{)16}$ $2\overline{)22}$ $2\overline{)0}$ $2\overline{)0}$ $2\overline{)16}$

				Name		Score		Time	
Dividing 2's						/ 100		:	

$2\overline{)10}$ $2\overline{)16}$ $2\overline{)18}$ $2\overline{)2}$ $2\overline{)20}$ $2\overline{)8}$ $2\overline{)12}$ $2\overline{)14}$ $2\overline{)6}$ $2\overline{)0}$

$2\overline{)22}$ $2\overline{)4}$ $2\overline{)4}$ $2\overline{)24}$ $2\overline{)20}$ $2\overline{)2}$ $2\overline{)12}$ $2\overline{)4}$ $2\overline{)24}$ $2\overline{)14}$

$2\overline{)2}$ $2\overline{)8}$ $2\overline{)10}$ $2\overline{)8}$ $2\overline{)14}$ $2\overline{)20}$ $2\overline{)22}$ $2\overline{)8}$ $2\overline{)12}$ $2\overline{)4}$

$2\overline{)22}$ $2\overline{)24}$ $2\overline{)10}$ $2\overline{)4}$ $2\overline{)2}$ $2\overline{)24}$ $2\overline{)20}$ $2\overline{)8}$ $2\overline{)4}$ $2\overline{)22}$

$2\overline{)22}$ $2\overline{)4}$ $2\overline{)16}$ $2\overline{)12}$ $2\overline{)18}$ $2\overline{)2}$ $2\overline{)16}$ $2\overline{)6}$ $2\overline{)22}$ $2\overline{)6}$

$2\overline{)22}$ $2\overline{)6}$ $2\overline{)4}$ $2\overline{)14}$ $2\overline{)14}$ $2\overline{)18}$ $2\overline{)2}$ $2\overline{)8}$ $2\overline{)20}$ $2\overline{)4}$

$2\overline{)0}$ $2\overline{)2}$ $2\overline{)22}$ $2\overline{)14}$ $2\overline{)0}$ $2\overline{)24}$ $2\overline{)0}$ $2\overline{)10}$ $2\overline{)14}$ $2\overline{)6}$

$2\overline{)4}$ $2\overline{)2}$ $2\overline{)10}$ $2\overline{)24}$ $2\overline{)14}$ $2\overline{)20}$ $2\overline{)22}$ $2\overline{)22}$ $2\overline{)12}$ $2\overline{)6}$

$2\overline{)10}$ $2\overline{)8}$ $2\overline{)6}$ $2\overline{)22}$ $2\overline{)18}$ $2\overline{)4}$ $2\overline{)6}$ $2\overline{)2}$ $2\overline{)4}$ $2\overline{)12}$

$2\overline{)20}$ $2\overline{)8}$ $2\overline{)8}$ $2\overline{)10}$ $2\overline{)20}$ $2\overline{)16}$ $2\overline{)14}$ $2\overline{)14}$ $2\overline{)8}$ $2\overline{)24}$

Dividing 2's

Name _____ Score ___/ 100 Time ___:___

$2\overline{)2}$	$2\overline{)10}$	$2\overline{)22}$	$2\overline{)4}$	$2\overline{)12}$	$2\overline{)20}$	$2\overline{)24}$	$2\overline{)0}$	$2\overline{)8}$	$2\overline{)16}$
$2\overline{)6}$	$2\overline{)14}$	$2\overline{)18}$	$2\overline{)12}$	$2\overline{)4}$	$2\overline{)16}$	$2\overline{)10}$	$2\overline{)10}$	$2\overline{)16}$	$2\overline{)4}$
$2\overline{)4}$	$2\overline{)16}$	$2\overline{)10}$	$2\overline{)10}$	$2\overline{)20}$	$2\overline{)0}$	$2\overline{)6}$	$2\overline{)20}$	$2\overline{)20}$	$2\overline{)14}$
$2\overline{)14}$	$2\overline{)20}$	$2\overline{)22}$	$2\overline{)12}$	$2\overline{)24}$	$2\overline{)6}$	$2\overline{)8}$	$2\overline{)4}$	$2\overline{)6}$	$2\overline{)6}$
$2\overline{)12}$	$2\overline{)22}$	$2\overline{)18}$	$2\overline{)20}$	$2\overline{)8}$	$2\overline{)22}$	$2\overline{)22}$	$2\overline{)16}$	$2\overline{)14}$	$2\overline{)18}$
$2\overline{)22}$	$2\overline{)12}$	$2\overline{)14}$	$2\overline{)2}$	$2\overline{)6}$	$2\overline{)10}$	$2\overline{)12}$	$2\overline{)12}$	$2\overline{)22}$	$2\overline{)10}$
$2\overline{)14}$	$2\overline{)2}$	$2\overline{)18}$	$2\overline{)10}$	$2\overline{)4}$	$2\overline{)2}$	$2\overline{)8}$	$2\overline{)20}$	$2\overline{)8}$	$2\overline{)6}$
$2\overline{)8}$	$2\overline{)10}$	$2\overline{)22}$	$2\overline{)6}$	$2\overline{)4}$	$2\overline{)20}$	$2\overline{)0}$	$2\overline{)18}$	$2\overline{)18}$	$2\overline{)22}$
$2\overline{)4}$	$2\overline{)18}$	$2\overline{)6}$	$2\overline{)4}$	$2\overline{)18}$	$2\overline{)2}$	$2\overline{)2}$	$2\overline{)4}$	$2\overline{)16}$	$2\overline{)24}$
$2\overline{)14}$	$2\overline{)18}$	$2\overline{)14}$	$2\overline{)8}$	$2\overline{)24}$	$2\overline{)0}$	$2\overline{)18}$	$2\overline{)12}$	$2\overline{)8}$	$2\overline{)6}$

Dividing 2's

Name _____ **Score** / 100 **Time** :

$2\overline{)20}$	$2\overline{)8}$	$2\overline{)4}$	$2\overline{)2}$	$2\overline{)10}$	$2\overline{)16}$	$2\overline{)14}$	$2\overline{)22}$	$2\overline{)12}$	$2\overline{)24}$
$2\overline{)6}$	$2\overline{)18}$	$2\overline{)0}$	$2\overline{)0}$	$2\overline{)10}$	$2\overline{)18}$	$2\overline{)22}$	$2\overline{)20}$	$2\overline{)2}$	$2\overline{)2}$
$2\overline{)24}$	$2\overline{)22}$	$2\overline{)16}$	$2\overline{)0}$	$2\overline{)18}$	$2\overline{)22}$	$2\overline{)24}$	$2\overline{)20}$	$2\overline{)4}$	$2\overline{)6}$
$2\overline{)22}$	$2\overline{)18}$	$2\overline{)24}$	$2\overline{)8}$	$2\overline{)8}$	$2\overline{)20}$	$2\overline{)12}$	$2\overline{)22}$	$2\overline{)20}$	$2\overline{)4}$
$2\overline{)24}$	$2\overline{)22}$	$2\overline{)12}$	$2\overline{)22}$	$2\overline{)10}$	$2\overline{)2}$	$2\overline{)24}$	$2\overline{)16}$	$2\overline{)8}$	$2\overline{)14}$
$2\overline{)12}$	$2\overline{)2}$	$2\overline{)20}$	$2\overline{)6}$	$2\overline{)8}$	$2\overline{)18}$	$2\overline{)18}$	$2\overline{)10}$	$2\overline{)14}$	$2\overline{)10}$
$2\overline{)14}$	$2\overline{)24}$	$2\overline{)2}$	$2\overline{)12}$	$2\overline{)22}$	$2\overline{)6}$	$2\overline{)12}$	$2\overline{)8}$	$2\overline{)2}$	$2\overline{)10}$
$2\overline{)20}$	$2\overline{)22}$	$2\overline{)18}$	$2\overline{)20}$	$2\overline{)0}$	$2\overline{)12}$	$2\overline{)14}$	$2\overline{)16}$	$2\overline{)4}$	$2\overline{)2}$
$2\overline{)20}$	$2\overline{)16}$	$2\overline{)0}$	$2\overline{)20}$	$2\overline{)10}$	$2\overline{)10}$	$2\overline{)14}$	$2\overline{)20}$	$2\overline{)4}$	$2\overline{)12}$
$2\overline{)6}$	$2\overline{)10}$	$2\overline{)4}$	$2\overline{)22}$	$2\overline{)22}$	$2\overline{)20}$	$2\overline{)16}$	$2\overline{)18}$	$2\overline{)4}$	$2\overline{)18}$

Dividing 3's

Name

Score / 100

Time :

$3\overline{)12}$ $3\overline{)6}$ $3\overline{)27}$ $3\overline{)24}$ $3\overline{)18}$ $3\overline{)36}$ $3\overline{)33}$ $3\overline{)15}$ $3\overline{)9}$ $3\overline{)0}$

$3\overline{)30}$ $3\overline{)21}$ $3\overline{)3}$ $3\overline{)9}$ $3\overline{)6}$ $3\overline{)21}$ $3\overline{)15}$ $3\overline{)24}$ $3\overline{)18}$ $3\overline{)21}$

$3\overline{)0}$ $3\overline{)15}$ $3\overline{)12}$ $3\overline{)30}$ $3\overline{)36}$ $3\overline{)15}$ $3\overline{)3}$ $3\overline{)12}$ $3\overline{)27}$ $3\overline{)21}$

$3\overline{)6}$ $3\overline{)18}$ $3\overline{)27}$ $3\overline{)30}$ $3\overline{)30}$ $3\overline{)30}$ $3\overline{)9}$ $3\overline{)9}$ $3\overline{)0}$ $3\overline{)33}$

$3\overline{)27}$ $3\overline{)3}$ $3\overline{)21}$ $3\overline{)3}$ $3\overline{)24}$ $3\overline{)18}$ $3\overline{)6}$ $3\overline{)21}$ $3\overline{)18}$ $3\overline{)24}$

$3\overline{)3}$ $3\overline{)18}$ $3\overline{)30}$ $3\overline{)18}$ $3\overline{)27}$ $3\overline{)24}$ $3\overline{)3}$ $3\overline{)3}$ $3\overline{)30}$ $3\overline{)9}$

$3\overline{)33}$ $3\overline{)27}$ $3\overline{)0}$ $3\overline{)21}$ $3\overline{)15}$ $3\overline{)3}$ $3\overline{)24}$ $3\overline{)15}$ $3\overline{)18}$ $3\overline{)12}$

$3\overline{)21}$ $3\overline{)18}$ $3\overline{)15}$ $3\overline{)33}$ $3\overline{)30}$ $3\overline{)0}$ $3\overline{)18}$ $3\overline{)30}$ $3\overline{)27}$ $3\overline{)15}$

$3\overline{)30}$ $3\overline{)9}$ $3\overline{)12}$ $3\overline{)12}$ $3\overline{)27}$ $3\overline{)27}$ $3\overline{)6}$ $3\overline{)9}$ $3\overline{)21}$ $3\overline{)9}$

$3\overline{)21}$ $3\overline{)36}$ $3\overline{)24}$ $3\overline{)15}$ $3\overline{)21}$ $3\overline{)3}$ $3\overline{)21}$ $3\overline{)15}$ $3\overline{)12}$ $3\overline{)30}$

Dividing 3's

Name   **Score** /100   **Time** :

$3\overline{)3}$	$3\overline{)27}$	$3\overline{)33}$	$3\overline{)18}$	$3\overline{)21}$	$3\overline{)9}$	$3\overline{)24}$	$3\overline{)15}$	$3\overline{)12}$	$3\overline{)6}$
$3\overline{)30}$	$3\overline{)0}$	$3\overline{)36}$	$3\overline{)30}$	$3\overline{)27}$	$3\overline{)3}$	$3\overline{)6}$	$3\overline{)6}$	$3\overline{)24}$	$3\overline{)9}$
$3\overline{)12}$	$3\overline{)36}$	$3\overline{)30}$	$3\overline{)27}$	$3\overline{)18}$	$3\overline{)21}$	$3\overline{)24}$	$3\overline{)36}$	$3\overline{)27}$	$3\overline{)0}$
$3\overline{)30}$	$3\overline{)9}$	$3\overline{)33}$	$3\overline{)6}$	$3\overline{)15}$	$3\overline{)21}$	$3\overline{)15}$	$3\overline{)3}$	$3\overline{)0}$	$3\overline{)30}$
$3\overline{)15}$	$3\overline{)27}$	$3\overline{)15}$	$3\overline{)36}$	$3\overline{)30}$	$3\overline{)21}$	$3\overline{)12}$	$3\overline{)27}$	$3\overline{)21}$	$3\overline{)33}$
$3\overline{)3}$	$3\overline{)21}$	$3\overline{)12}$	$3\overline{)6}$	$3\overline{)21}$	$3\overline{)9}$	$3\overline{)15}$	$3\overline{)3}$	$3\overline{)15}$	$3\overline{)33}$
$3\overline{)18}$	$3\overline{)30}$	$3\overline{)9}$	$3\overline{)21}$	$3\overline{)24}$	$3\overline{)3}$	$3\overline{)21}$	$3\overline{)27}$	$3\overline{)27}$	$3\overline{)30}$
$3\overline{)30}$	$3\overline{)9}$	$3\overline{)0}$	$3\overline{)21}$	$3\overline{)3}$	$3\overline{)9}$	$3\overline{)33}$	$3\overline{)21}$	$3\overline{)36}$	$3\overline{)18}$
$3\overline{)24}$	$3\overline{)30}$	$3\overline{)6}$	$3\overline{)21}$	$3\overline{)15}$	$3\overline{)21}$	$3\overline{)18}$	$3\overline{)6}$	$3\overline{)12}$	$3\overline{)27}$
$3\overline{)30}$	$3\overline{)27}$	$3\overline{)30}$	$3\overline{)33}$	$3\overline{)33}$	$3\overline{)18}$	$3\overline{)0}$	$3\overline{)24}$	$3\overline{)21}$	$3\overline{)0}$

Dividing 3's

Name | Score /100 | Time :

$3\overline{)12}$	$3\overline{)36}$	$3\overline{)18}$	$3\overline{)15}$	$3\overline{)6}$	$3\overline{)0}$	$3\overline{)33}$	$3\overline{)24}$	$3\overline{)21}$	$3\overline{)9}$
$3\overline{)30}$	$3\overline{)27}$	$3\overline{)3}$	$3\overline{)3}$	$3\overline{)36}$	$3\overline{)30}$	$3\overline{)12}$	$3\overline{)33}$	$3\overline{)12}$	$3\overline{)18}$
$3\overline{)30}$	$3\overline{)27}$	$3\overline{)6}$	$3\overline{)0}$	$3\overline{)3}$	$3\overline{)30}$	$3\overline{)0}$	$3\overline{)12}$	$3\overline{)9}$	$3\overline{)33}$
$3\overline{)9}$	$3\overline{)36}$	$3\overline{)3}$	$3\overline{)6}$	$3\overline{)9}$	$3\overline{)33}$	$3\overline{)12}$	$3\overline{)33}$	$3\overline{)6}$	$3\overline{)15}$
$3\overline{)30}$	$3\overline{)18}$	$3\overline{)30}$	$3\overline{)6}$	$3\overline{)15}$	$3\overline{)6}$	$3\overline{)12}$	$3\overline{)30}$	$3\overline{)12}$	$3\overline{)12}$
$3\overline{)15}$	$3\overline{)18}$	$3\overline{)27}$	$3\overline{)9}$	$3\overline{)33}$	$3\overline{)36}$	$3\overline{)33}$	$3\overline{)33}$	$3\overline{)12}$	$3\overline{)12}$
$3\overline{)18}$	$3\overline{)15}$	$3\overline{)24}$	$3\overline{)27}$	$3\overline{)24}$	$3\overline{)15}$	$3\overline{)15}$	$3\overline{)18}$	$3\overline{)0}$	$3\overline{)9}$
$3\overline{)27}$	$3\overline{)21}$	$3\overline{)3}$	$3\overline{)33}$	$3\overline{)15}$	$3\overline{)6}$	$3\overline{)24}$	$3\overline{)9}$	$3\overline{)15}$	$3\overline{)9}$
$3\overline{)24}$	$3\overline{)0}$	$3\overline{)27}$	$3\overline{)18}$	$3\overline{)30}$	$3\overline{)30}$	$3\overline{)27}$	$3\overline{)30}$	$3\overline{)27}$	$3\overline{)0}$
$3\overline{)9}$	$3\overline{)9}$	$3\overline{)18}$	$3\overline{)12}$	$3\overline{)3}$	$3\overline{)27}$	$3\overline{)21}$	$3\overline{)33}$	$3\overline{)0}$	$3\overline{)6}$

Dividing 3's	Name	Score / 100	Time :

$3\overline{)6}$ $3\overline{)12}$ $3\overline{)15}$ $3\overline{)21}$ $3\overline{)0}$ $3\overline{)30}$ $3\overline{)27}$ $3\overline{)24}$ $3\overline{)18}$ $3\overline{)3}$

$3\overline{)9}$ $3\overline{)33}$ $3\overline{)36}$ $3\overline{)15}$ $3\overline{)12}$ $3\overline{)12}$ $3\overline{)36}$ $3\overline{)21}$ $3\overline{)18}$ $3\overline{)30}$

$3\overline{)24}$ $3\overline{)27}$ $3\overline{)3}$ $3\overline{)21}$ $3\overline{)12}$ $3\overline{)9}$ $3\overline{)6}$ $3\overline{)0}$ $3\overline{)6}$ $3\overline{)6}$

$3\overline{)12}$ $3\overline{)21}$ $3\overline{)15}$ $3\overline{)9}$ $3\overline{)15}$ $3\overline{)18}$ $3\overline{)30}$ $3\overline{)12}$ $3\overline{)24}$ $3\overline{)9}$

$3\overline{)24}$ $3\overline{)12}$ $3\overline{)0}$ $3\overline{)27}$ $3\overline{)21}$ $3\overline{)21}$ $3\overline{)15}$ $3\overline{)33}$ $3\overline{)24}$ $3\overline{)18}$

$3\overline{)30}$ $3\overline{)21}$ $3\overline{)9}$ $3\overline{)21}$ $3\overline{)21}$ $3\overline{)30}$ $3\overline{)18}$ $3\overline{)6}$ $3\overline{)12}$ $3\overline{)27}$

$3\overline{)27}$ $3\overline{)12}$ $3\overline{)12}$ $3\overline{)21}$ $3\overline{)12}$ $3\overline{)30}$ $3\overline{)18}$ $3\overline{)18}$ $3\overline{)12}$ $3\overline{)6}$

$3\overline{)9}$ $3\overline{)3}$ $3\overline{)30}$ $3\overline{)6}$ $3\overline{)6}$ $3\overline{)18}$ $3\overline{)36}$ $3\overline{)36}$ $3\overline{)9}$ $3\overline{)15}$

$3\overline{)9}$ $3\overline{)21}$ $3\overline{)30}$ $3\overline{)18}$ $3\overline{)27}$ $3\overline{)27}$ $3\overline{)33}$ $3\overline{)9}$ $3\overline{)30}$ $3\overline{)24}$

$3\overline{)15}$ $3\overline{)27}$ $3\overline{)9}$ $3\overline{)9}$ $3\overline{)15}$ $3\overline{)0}$ $3\overline{)12}$ $3\overline{)9}$ $3\overline{)3}$ $3\overline{)27}$

Dividing 3's

Name

Score / 100

Time :

3)6	3)24	3)21	3)9	3)33	3)27	3)30	3)0	3)3	3)18
3)12	3)15	3)36	3)36	3)6	3)15	3)21	3)30	3)21	3)9
3)12	3)3	3)21	3)3	3)27	3)21	3)15	3)12	3)3	3)6
3)33	3)21	3)30	3)27	3)0	3)33	3)27	3)24	3)15	3)21
3)12	3)18	3)30	3)12	3)27	3)0	3)12	3)6	3)33	3)15
3)24	3)24	3)33	3)30	3)18	3)12	3)12	3)3	3)33	3)3
3)15	3)3	3)30	3)3	3)24	3)30	3)18	3)24	3)27	3)18
3)3	3)24	3)36	3)9	3)33	3)18	3)30	3)6	3)3	3)33
3)12	3)6	3)9	3)30	3)15	3)9	3)6	3)9	3)27	3)9
3)9	3)27	3)12	3)18	3)33	3)21	3)9	3)6	3)21	3)12

Dividing 3's

Name: Score: / 100 Time: :

$3\overline{)33}$ $3\overline{)24}$ $3\overline{)9}$ $3\overline{)6}$ $3\overline{)21}$ $3\overline{)27}$ $3\overline{)15}$ $3\overline{)30}$ $3\overline{)3}$ $3\overline{)18}$

$3\overline{)12}$ $3\overline{)0}$ $3\overline{)36}$ $3\overline{)27}$ $3\overline{)0}$ $3\overline{)30}$ $3\overline{)18}$ $3\overline{)0}$ $3\overline{)30}$ $3\overline{)12}$

$3\overline{)12}$ $3\overline{)12}$ $3\overline{)9}$ $3\overline{)24}$ $3\overline{)3}$ $3\overline{)3}$ $3\overline{)15}$ $3\overline{)15}$ $3\overline{)27}$ $3\overline{)3}$

$3\overline{)36}$ $3\overline{)24}$ $3\overline{)3}$ $3\overline{)33}$ $3\overline{)15}$ $3\overline{)0}$ $3\overline{)24}$ $3\overline{)24}$ $3\overline{)12}$ $3\overline{)33}$

$3\overline{)9}$ $3\overline{)15}$ $3\overline{)24}$ $3\overline{)21}$ $3\overline{)33}$ $3\overline{)9}$ $3\overline{)27}$ $3\overline{)21}$ $3\overline{)30}$ $3\overline{)18}$

$3\overline{)3}$ $3\overline{)18}$ $3\overline{)30}$ $3\overline{)6}$ $3\overline{)15}$ $3\overline{)18}$ $3\overline{)12}$ $3\overline{)21}$ $3\overline{)21}$ $3\overline{)18}$

$3\overline{)21}$ $3\overline{)30}$ $3\overline{)30}$ $3\overline{)6}$ $3\overline{)21}$ $3\overline{)15}$ $3\overline{)3}$ $3\overline{)18}$ $3\overline{)33}$ $3\overline{)24}$

$3\overline{)18}$ $3\overline{)0}$ $3\overline{)18}$ $3\overline{)24}$ $3\overline{)21}$ $3\overline{)9}$ $3\overline{)9}$ $3\overline{)27}$ $3\overline{)12}$ $3\overline{)9}$

$3\overline{)3}$ $3\overline{)6}$ $3\overline{)9}$ $3\overline{)18}$ $3\overline{)9}$ $3\overline{)3}$ $3\overline{)21}$ $3\overline{)24}$ $3\overline{)36}$ $3\overline{)15}$

$3\overline{)0}$ $3\overline{)6}$ $3\overline{)30}$ $3\overline{)30}$ $3\overline{)6}$ $3\overline{)18}$ $3\overline{)15}$ $3\overline{)9}$ $3\overline{)21}$ $3\overline{)0}$

Dividing 4's

Name ____ Score / 100 Time :

$4\overline{)44}$ $4\overline{)20}$ $4\overline{)28}$ $4\overline{)36}$ $4\overline{)8}$ $4\overline{)12}$ $4\overline{)32}$ $4\overline{)40}$ $4\overline{)4}$ $4\overline{)16}$

$4\overline{)0}$ $4\overline{)24}$ $4\overline{)48}$ $4\overline{)32}$ $4\overline{)4}$ $4\overline{)44}$ $4\overline{)36}$ $4\overline{)24}$ $4\overline{)28}$ $4\overline{)24}$

$4\overline{)16}$ $4\overline{)8}$ $4\overline{)12}$ $4\overline{)36}$ $4\overline{)24}$ $4\overline{)32}$ $4\overline{)44}$ $4\overline{)4}$ $4\overline{)28}$ $4\overline{)20}$

$4\overline{)24}$ $4\overline{)44}$ $4\overline{)32}$ $4\overline{)20}$ $4\overline{)16}$ $4\overline{)48}$ $4\overline{)12}$ $4\overline{)32}$ $4\overline{)24}$ $4\overline{)20}$

$4\overline{)24}$ $4\overline{)48}$ $4\overline{)48}$ $4\overline{)12}$ $4\overline{)20}$ $4\overline{)36}$ $4\overline{)24}$ $4\overline{)4}$ $4\overline{)48}$ $4\overline{)32}$

$4\overline{)32}$ $4\overline{)24}$ $4\overline{)36}$ $4\overline{)32}$ $4\overline{)36}$ $4\overline{)20}$ $4\overline{)40}$ $4\overline{)4}$ $4\overline{)12}$ $4\overline{)4}$

$4\overline{)4}$ $4\overline{)0}$ $4\overline{)8}$ $4\overline{)36}$ $4\overline{)36}$ $4\overline{)32}$ $4\overline{)8}$ $4\overline{)32}$ $4\overline{)8}$ $4\overline{)16}$

$4\overline{)4}$ $4\overline{)20}$ $4\overline{)44}$ $4\overline{)16}$ $4\overline{)16}$ $4\overline{)20}$ $4\overline{)20}$ $4\overline{)44}$ $4\overline{)4}$ $4\overline{)36}$

$4\overline{)44}$ $4\overline{)32}$ $4\overline{)40}$ $4\overline{)20}$ $4\overline{)12}$ $4\overline{)20}$ $4\overline{)8}$ $4\overline{)16}$ $4\overline{)48}$ $4\overline{)12}$

$4\overline{)48}$ $4\overline{)12}$ $4\overline{)40}$ $4\overline{)48}$ $4\overline{)28}$ $4\overline{)12}$ $4\overline{)4}$ $4\overline{)8}$ $4\overline{)16}$ $4\overline{)4}$

Dividing 4's

Name _____ Score ___ / 100 Time __ : __

$4\overline{)16}$	$4\overline{)40}$	$4\overline{)4}$	$4\overline{)32}$	$4\overline{)8}$	$4\overline{)36}$	$4\overline{)24}$	$4\overline{)48}$	$4\overline{)0}$	$4\overline{)20}$
$4\overline{)28}$	$4\overline{)44}$	$4\overline{)12}$	$4\overline{)48}$	$4\overline{)12}$	$4\overline{)12}$	$4\overline{)8}$	$4\overline{)12}$	$4\overline{)32}$	$4\overline{)44}$
$4\overline{)4}$	$4\overline{)44}$	$4\overline{)0}$	$4\overline{)24}$	$4\overline{)40}$	$4\overline{)32}$	$4\overline{)44}$	$4\overline{)16}$	$4\overline{)28}$	$4\overline{)8}$
$4\overline{)16}$	$4\overline{)12}$	$4\overline{)28}$	$4\overline{)44}$	$4\overline{)24}$	$4\overline{)24}$	$4\overline{)24}$	$4\overline{)4}$	$4\overline{)20}$	$4\overline{)20}$
$4\overline{)24}$	$4\overline{)0}$	$4\overline{)16}$	$4\overline{)48}$	$4\overline{)12}$	$4\overline{)32}$	$4\overline{)8}$	$4\overline{)28}$	$4\overline{)0}$	$4\overline{)48}$
$4\overline{)32}$	$4\overline{)20}$	$4\overline{)28}$	$4\overline{)44}$	$4\overline{)12}$	$4\overline{)28}$	$4\overline{)36}$	$4\overline{)32}$	$4\overline{)16}$	$4\overline{)36}$
$4\overline{)44}$	$4\overline{)32}$	$4\overline{)12}$	$4\overline{)44}$	$4\overline{)28}$	$4\overline{)4}$	$4\overline{)8}$	$4\overline{)20}$	$4\overline{)16}$	$4\overline{)36}$
$4\overline{)40}$	$4\overline{)0}$	$4\overline{)36}$	$4\overline{)20}$	$4\overline{)24}$	$4\overline{)20}$	$4\overline{)24}$	$4\overline{)16}$	$4\overline{)24}$	$4\overline{)40}$
$4\overline{)0}$	$4\overline{)20}$	$4\overline{)4}$	$4\overline{)0}$	$4\overline{)48}$	$4\overline{)44}$	$4\overline{)40}$	$4\overline{)8}$	$4\overline{)28}$	$4\overline{)20}$
$4\overline{)36}$	$4\overline{)16}$	$4\overline{)28}$	$4\overline{)44}$	$4\overline{)28}$	$4\overline{)8}$	$4\overline{)20}$	$4\overline{)40}$	$4\overline{)24}$	$4\overline{)32}$

Dividing 4's

Name

Score / 100

Time :

$4\overline{)24}$	$4\overline{)0}$	$4\overline{)36}$	$4\overline{)48}$	$4\overline{)8}$	$4\overline{)40}$	$4\overline{)28}$	$4\overline{)16}$	$4\overline{)32}$	$4\overline{)4}$
$4\overline{)20}$	$4\overline{)44}$	$4\overline{)12}$	$4\overline{)20}$	$4\overline{)8}$	$4\overline{)48}$	$4\overline{)32}$	$4\overline{)0}$	$4\overline{)12}$	$4\overline{)28}$
$4\overline{)12}$	$4\overline{)40}$	$4\overline{)12}$	$4\overline{)12}$	$4\overline{)28}$	$4\overline{)40}$	$4\overline{)8}$	$4\overline{)16}$	$4\overline{)8}$	$4\overline{)36}$
$4\overline{)4}$	$4\overline{)8}$	$4\overline{)44}$	$4\overline{)12}$	$4\overline{)40}$	$4\overline{)44}$	$4\overline{)24}$	$4\overline{)36}$	$4\overline{)20}$	$4\overline{)20}$
$4\overline{)32}$	$4\overline{)12}$	$4\overline{)40}$	$4\overline{)28}$	$4\overline{)20}$	$4\overline{)4}$	$4\overline{)28}$	$4\overline{)32}$	$4\overline{)20}$	$4\overline{)0}$
$4\overline{)40}$	$4\overline{)20}$	$4\overline{)0}$	$4\overline{)24}$	$4\overline{)12}$	$4\overline{)40}$	$4\overline{)44}$	$4\overline{)12}$	$4\overline{)32}$	$4\overline{)8}$
$4\overline{)0}$	$4\overline{)36}$	$4\overline{)8}$	$4\overline{)8}$	$4\overline{)44}$	$4\overline{)16}$	$4\overline{)48}$	$4\overline{)20}$	$4\overline{)36}$	$4\overline{)8}$
$4\overline{)12}$	$4\overline{)44}$	$4\overline{)4}$	$4\overline{)0}$	$4\overline{)0}$	$4\overline{)24}$	$4\overline{)20}$	$4\overline{)16}$	$4\overline{)40}$	$4\overline{)20}$
$4\overline{)24}$	$4\overline{)16}$	$4\overline{)32}$	$4\overline{)12}$	$4\overline{)12}$	$4\overline{)8}$	$4\overline{)0}$	$4\overline{)8}$	$4\overline{)8}$	$4\overline{)8}$
$4\overline{)32}$	$4\overline{)8}$	$4\overline{)44}$	$4\overline{)44}$	$4\overline{)16}$	$4\overline{)4}$	$4\overline{)40}$	$4\overline{)40}$	$4\overline{)20}$	$4\overline{)48}$

Dividing 4's

Name

Score / 100

Time :

$4\overline{)28}$	$4\overline{)20}$	$4\overline{)44}$	$4\overline{)32}$	$4\overline{)16}$	$4\overline{)12}$	$4\overline{)8}$	$4\overline{)24}$	$4\overline{)4}$	$4\overline{)40}$
$4\overline{)48}$	$4\overline{)0}$	$4\overline{)36}$	$4\overline{)24}$	$4\overline{)28}$	$4\overline{)12}$	$4\overline{)36}$	$4\overline{)8}$	$4\overline{)8}$	$4\overline{)4}$
$4\overline{)16}$	$4\overline{)40}$	$4\overline{)40}$	$4\overline{)20}$	$4\overline{)36}$	$4\overline{)28}$	$4\overline{)44}$	$4\overline{)40}$	$4\overline{)12}$	$4\overline{)12}$
$4\overline{)4}$	$4\overline{)28}$	$4\overline{)20}$	$4\overline{)24}$	$4\overline{)48}$	$4\overline{)20}$	$4\overline{)32}$	$4\overline{)12}$	$4\overline{)12}$	$4\overline{)20}$
$4\overline{)16}$	$4\overline{)36}$	$4\overline{)36}$	$4\overline{)16}$	$4\overline{)16}$	$4\overline{)24}$	$4\overline{)44}$	$4\overline{)8}$	$4\overline{)28}$	$4\overline{)24}$
$4\overline{)20}$	$4\overline{)0}$	$4\overline{)32}$	$4\overline{)24}$	$4\overline{)12}$	$4\overline{)40}$	$4\overline{)40}$	$4\overline{)4}$	$4\overline{)40}$	$4\overline{)32}$
$4\overline{)32}$	$4\overline{)44}$	$4\overline{)12}$	$4\overline{)20}$	$4\overline{)48}$	$4\overline{)36}$	$4\overline{)32}$	$4\overline{)16}$	$4\overline{)12}$	$4\overline{)36}$
$4\overline{)16}$	$4\overline{)44}$	$4\overline{)24}$	$4\overline{)8}$	$4\overline{)28}$	$4\overline{)12}$	$4\overline{)8}$	$4\overline{)12}$	$4\overline{)44}$	$4\overline{)16}$
$4\overline{)36}$	$4\overline{)4}$	$4\overline{)32}$	$4\overline{)44}$	$4\overline{)8}$	$4\overline{)0}$	$4\overline{)16}$	$4\overline{)32}$	$4\overline{)24}$	$4\overline{)12}$
$4\overline{)40}$	$4\overline{)12}$	$4\overline{)24}$	$4\overline{)0}$	$4\overline{)4}$	$4\overline{)32}$	$4\overline{)44}$	$4\overline{)32}$	$4\overline{)44}$	$4\overline{)8}$

	Dividing 4's	Name	Score / 100	Time :

$4\overline{)12}$ $4\overline{)48}$ $4\overline{)20}$ $4\overline{)28}$ $4\overline{)16}$ $4\overline{)0}$ $4\overline{)44}$ $4\overline{)32}$ $4\overline{)8}$ $4\overline{)24}$

$4\overline{)4}$ $4\overline{)40}$ $4\overline{)36}$ $4\overline{)16}$ $4\overline{)36}$ $4\overline{)36}$ $4\overline{)4}$ $4\overline{)32}$ $4\overline{)44}$ $4\overline{)12}$

$4\overline{)44}$ $4\overline{)12}$ $4\overline{)12}$ $4\overline{)8}$ $4\overline{)44}$ $4\overline{)16}$ $4\overline{)8}$ $4\overline{)44}$ $4\overline{)28}$ $4\overline{)4}$

$4\overline{)12}$ $4\overline{)24}$ $4\overline{)16}$ $4\overline{)24}$ $4\overline{)32}$ $4\overline{)4}$ $4\overline{)40}$ $4\overline{)8}$ $4\overline{)44}$ $4\overline{)36}$

$4\overline{)32}$ $4\overline{)0}$ $4\overline{)4}$ $4\overline{)44}$ $4\overline{)44}$ $4\overline{)20}$ $4\overline{)4}$ $4\overline{)44}$ $4\overline{)48}$ $4\overline{)0}$

$4\overline{)40}$ $4\overline{)20}$ $4\overline{)0}$ $4\overline{)0}$ $4\overline{)4}$ $4\overline{)44}$ $4\overline{)40}$ $4\overline{)44}$ $4\overline{)4}$ $4\overline{)44}$

$4\overline{)40}$ $4\overline{)28}$ $4\overline{)4}$ $4\overline{)40}$ $4\overline{)4}$ $4\overline{)24}$ $4\overline{)36}$ $4\overline{)48}$ $4\overline{)40}$ $4\overline{)8}$

$4\overline{)36}$ $4\overline{)12}$ $4\overline{)24}$ $4\overline{)12}$ $4\overline{)32}$ $4\overline{)40}$ $4\overline{)4}$ $4\overline{)12}$ $4\overline{)8}$ $4\overline{)16}$

$4\overline{)24}$ $4\overline{)8}$ $4\overline{)16}$ $4\overline{)4}$ $4\overline{)0}$ $4\overline{)40}$ $4\overline{)12}$ $4\overline{)36}$ $4\overline{)16}$ $4\overline{)8}$

$4\overline{)4}$ $4\overline{)24}$ $4\overline{)48}$ $4\overline{)20}$ $4\overline{)0}$ $4\overline{)20}$ $4\overline{)36}$ $4\overline{)20}$ $4\overline{)44}$ $4\overline{)36}$

Dividing 4's

Name		Score	/ 100	Time	:

$4\overline{)24}$ $\quad$ $4\overline{)44}$ $\quad$ $4\overline{)40}$ $\quad$ $4\overline{)20}$ $\quad$ $4\overline{)12}$ $\quad$ $4\overline{)36}$ $\quad$ $4\overline{)28}$ $\quad$ $4\overline{)16}$ $\quad$ $4\overline{)4}$ $\quad$ $4\overline{)0}$

$4\overline{)32}$ $\quad$ $4\overline{)8}$ $\quad$ $4\overline{)40}$ $\quad$ $4\overline{)48}$ $\quad$ $4\overline{)12}$ $\quad$ $4\overline{)12}$ $\quad$ $4\overline{)20}$ $\quad$ $4\overline{)12}$ $\quad$ $4\overline{)0}$ $\quad$ $4\overline{)44}$

$4\overline{)8}$ $\quad$ $4\overline{)20}$ $\quad$ $4\overline{)40}$ $\quad$ $4\overline{)40}$ $\quad$ $4\overline{)28}$ $\quad$ $4\overline{)12}$ $\quad$ $4\overline{)24}$ $\quad$ $4\overline{)32}$ $\quad$ $4\overline{)36}$ $\quad$ $4\overline{)36}$

$4\overline{)44}$ $\quad$ $4\overline{)40}$ $\quad$ $4\overline{)24}$ $\quad$ $4\overline{)8}$ $\quad$ $4\overline{)40}$ $\quad$ $4\overline{)8}$ $\quad$ $4\overline{)0}$ $\quad$ $4\overline{)12}$ $\quad$ $4\overline{)20}$ $\quad$ $4\overline{)32}$

$4\overline{)12}$ $\quad$ $4\overline{)24}$ $\quad$ $4\overline{)24}$ $\quad$ $4\overline{)40}$ $\quad$ $4\overline{)4}$ $\quad$ $4\overline{)8}$ $\quad$ $4\overline{)36}$ $\quad$ $4\overline{)16}$ $\quad$ $4\overline{)4}$ $\quad$ $4\overline{)16}$

$4\overline{)12}$ $\quad$ $4\overline{)36}$ $\quad$ $4\overline{)28}$ $\quad$ $4\overline{)24}$ $\quad$ $4\overline{)28}$ $\quad$ $4\overline{)36}$ $\quad$ $4\overline{)8}$ $\quad$ $4\overline{)12}$ $\quad$ $4\overline{)40}$ $\quad$ $4\overline{)28}$

$4\overline{)28}$ $\quad$ $4\overline{)36}$ $\quad$ $4\overline{)4}$ $\quad$ $4\overline{)28}$ $\quad$ $4\overline{)44}$ $\quad$ $4\overline{)4}$ $\quad$ $4\overline{)20}$ $\quad$ $4\overline{)36}$ $\quad$ $4\overline{)20}$ $\quad$ $4\overline{)4}$

$4\overline{)8}$ $\quad$ $4\overline{)24}$ $\quad$ $4\overline{)40}$ $\quad$ $4\overline{)12}$ $\quad$ $4\overline{)0}$ $\quad$ $4\overline{)24}$ $\quad$ $4\overline{)8}$ $\quad$ $4\overline{)44}$ $\quad$ $4\overline{)32}$ $\quad$ $4\overline{)20}$

$4\overline{)32}$ $\quad$ $4\overline{)12}$ $\quad$ $4\overline{)4}$ $\quad$ $4\overline{)16}$ $\quad$ $4\overline{)48}$ $\quad$ $4\overline{)24}$ $\quad$ $4\overline{)24}$ $\quad$ $4\overline{)12}$ $\quad$ $4\overline{)28}$ $\quad$ $4\overline{)36}$

$4\overline{)40}$ $\quad$ $4\overline{)4}$ $\quad$ $4\overline{)8}$ $\quad$ $4\overline{)12}$ $\quad$ $4\overline{)36}$ $\quad$ $4\overline{)16}$ $\quad$ $4\overline{)32}$ $\quad$ $4\overline{)8}$ $\quad$ $4\overline{)36}$ $\quad$ $4\overline{)8}$

Dividing 5's

Name

Score / 100

Time :

$5\overline{)15}$ $5\overline{)5}$ $5\overline{)45}$ $5\overline{)0}$ $5\overline{)10}$ $5\overline{)40}$ $5\overline{)55}$ $5\overline{)25}$ $5\overline{)50}$ $5\overline{)35}$

$5\overline{)30}$ $5\overline{)60}$ $5\overline{)20}$ $5\overline{)25}$ $5\overline{)5}$ $5\overline{)45}$ $5\overline{)30}$ $5\overline{)30}$ $5\overline{)30}$ $5\overline{)60}$

$5\overline{)5}$ $5\overline{)5}$ $5\overline{)40}$ $5\overline{)0}$ $5\overline{)25}$ $5\overline{)25}$ $5\overline{)45}$ $5\overline{)30}$ $5\overline{)40}$ $5\overline{)55}$

$5\overline{)60}$ $5\overline{)50}$ $5\overline{)50}$ $5\overline{)20}$ $5\overline{)10}$ $5\overline{)15}$ $5\overline{)10}$ $5\overline{)55}$ $5\overline{)55}$ $5\overline{)25}$

$5\overline{)10}$ $5\overline{)55}$ $5\overline{)30}$ $5\overline{)0}$ $5\overline{)10}$ $5\overline{)55}$ $5\overline{)30}$ $5\overline{)15}$ $5\overline{)55}$ $5\overline{)50}$

$5\overline{)20}$ $5\overline{)45}$ $5\overline{)30}$ $5\overline{)55}$ $5\overline{)10}$ $5\overline{)50}$ $5\overline{)50}$ $5\overline{)15}$ $5\overline{)50}$ $5\overline{)15}$

$5\overline{)35}$ $5\overline{)40}$ $5\overline{)35}$ $5\overline{)55}$ $5\overline{)5}$ $5\overline{)20}$ $5\overline{)35}$ $5\overline{)40}$ $5\overline{)40}$ $5\overline{)55}$

$5\overline{)45}$ $5\overline{)55}$ $5\overline{)50}$ $5\overline{)25}$ $5\overline{)60}$ $5\overline{)55}$ $5\overline{)45}$ $5\overline{)60}$ $5\overline{)30}$ $5\overline{)5}$

$5\overline{)55}$ $5\overline{)55}$ $5\overline{)15}$ $5\overline{)5}$ $5\overline{)5}$ $5\overline{)0}$ $5\overline{)0}$ $5\overline{)30}$ $5\overline{)45}$ $5\overline{)55}$

$5\overline{)50}$ $5\overline{)50}$ $5\overline{)40}$ $5\overline{)5}$ $5\overline{)25}$ $5\overline{)30}$ $5\overline{)30}$ $5\overline{)45}$ $5\overline{)45}$ $5\overline{)50}$

Dividing 5's

Name: _____ Score: / 100 Time: :

$5\overline{)10}$	$5\overline{)40}$	$5\overline{)25}$	$5\overline{)45}$	$5\overline{)5}$	$5\overline{)55}$	$5\overline{)60}$	$5\overline{)30}$	$5\overline{)20}$	$5\overline{)35}$
$5\overline{)50}$	$5\overline{)15}$	$5\overline{)0}$	$5\overline{)60}$	$5\overline{)45}$	$5\overline{)15}$	$5\overline{)30}$	$5\overline{)20}$	$5\overline{)30}$	$5\overline{)50}$
$5\overline{)10}$	$5\overline{)30}$	$5\overline{)5}$	$5\overline{)40}$	$5\overline{)25}$	$5\overline{)15}$	$5\overline{)50}$	$5\overline{)20}$	$5\overline{)10}$	$5\overline{)50}$
$5\overline{)60}$	$5\overline{)45}$	$5\overline{)5}$	$5\overline{)25}$	$5\overline{)20}$	$5\overline{)30}$	$5\overline{)40}$	$5\overline{)5}$	$5\overline{)40}$	$5\overline{)20}$
$5\overline{)15}$	$5\overline{)50}$	$5\overline{)20}$	$5\overline{)30}$	$5\overline{)30}$	$5\overline{)0}$	$5\overline{)40}$	$5\overline{)50}$	$5\overline{)20}$	$5\overline{)20}$
$5\overline{)15}$	$5\overline{)55}$	$5\overline{)55}$	$5\overline{)30}$	$5\overline{)55}$	$5\overline{)20}$	$5\overline{)50}$	$5\overline{)30}$	$5\overline{)15}$	$5\overline{)30}$
$5\overline{)60}$	$5\overline{)50}$	$5\overline{)45}$	$5\overline{)25}$	$5\overline{)5}$	$5\overline{)55}$	$5\overline{)55}$	$5\overline{)55}$	$5\overline{)15}$	$5\overline{)0}$
$5\overline{)55}$	$5\overline{)20}$	$5\overline{)25}$	$5\overline{)50}$	$5\overline{)50}$	$5\overline{)50}$	$5\overline{)15}$	$5\overline{)15}$	$5\overline{)50}$	$5\overline{)10}$
$5\overline{)5}$	$5\overline{)30}$	$5\overline{)45}$	$5\overline{)5}$	$5\overline{)50}$	$5\overline{)30}$	$5\overline{)30}$	$5\overline{)5}$	$5\overline{)10}$	$5\overline{)15}$
$5\overline{)40}$	$5\overline{)50}$	$5\overline{)5}$	$5\overline{)20}$	$5\overline{)45}$	$5\overline{)20}$	$5\overline{)25}$	$5\overline{)50}$	$5\overline{)15}$	$5\overline{)35}$

Dividing 5's

Name

Score / 100

Time :

$5\overline{)10}$ $5\overline{)0}$ $5\overline{)15}$ $5\overline{)5}$ $5\overline{)45}$ $5\overline{)50}$ $5\overline{)25}$ $5\overline{)20}$ $5\overline{)30}$ $5\overline{)35}$

$5\overline{)55}$ $5\overline{)60}$ $5\overline{)40}$ $5\overline{)5}$ $5\overline{)5}$ $5\overline{)35}$ $5\overline{)0}$ $5\overline{)5}$ $5\overline{)15}$ $5\overline{)25}$

$5\overline{)15}$ $5\overline{)35}$ $5\overline{)30}$ $5\overline{)25}$ $5\overline{)55}$ $5\overline{)55}$ $5\overline{)45}$ $5\overline{)30}$ $5\overline{)25}$ $5\overline{)20}$

$5\overline{)55}$ $5\overline{)40}$ $5\overline{)5}$ $5\overline{)0}$ $5\overline{)10}$ $5\overline{)15}$ $5\overline{)5}$ $5\overline{)5}$ $5\overline{)45}$ $5\overline{)45}$

$5\overline{)35}$ $5\overline{)40}$ $5\overline{)15}$ $5\overline{)60}$ $5\overline{)5}$ $5\overline{)50}$ $5\overline{)15}$ $5\overline{)45}$ $5\overline{)20}$ $5\overline{)15}$

$5\overline{)0}$ $5\overline{)30}$ $5\overline{)25}$ $5\overline{)55}$ $5\overline{)50}$ $5\overline{)30}$ $5\overline{)0}$ $5\overline{)10}$ $5\overline{)50}$ $5\overline{)50}$

$5\overline{)10}$ $5\overline{)5}$ $5\overline{)35}$ $5\overline{)35}$ $5\overline{)25}$ $5\overline{)10}$ $5\overline{)10}$ $5\overline{)55}$ $5\overline{)5}$ $5\overline{)25}$

$5\overline{)55}$ $5\overline{)45}$ $5\overline{)20}$ $5\overline{)35}$ $5\overline{)45}$ $5\overline{)15}$ $5\overline{)20}$ $5\overline{)5}$ $5\overline{)15}$ $5\overline{)50}$

$5\overline{)0}$ $5\overline{)30}$ $5\overline{)35}$ $5\overline{)5}$ $5\overline{)25}$ $5\overline{)0}$ $5\overline{)5}$ $5\overline{)5}$ $5\overline{)20}$ $5\overline{)5}$

$5\overline{)30}$ $5\overline{)10}$ $5\overline{)5}$ $5\overline{)20}$ $5\overline{)60}$ $5\overline{)25}$ $5\overline{)5}$ $5\overline{)30}$ $5\overline{)50}$ $5\overline{)45}$

	Name	Score	Time
Dividing 5's		/ 100	:

$5\overline{)40}$ $5\overline{)55}$ $5\overline{)45}$ $5\overline{)35}$ $5\overline{)60}$ $5\overline{)20}$ $5\overline{)10}$ $5\overline{)50}$ $5\overline{)15}$ $5\overline{)5}$

$5\overline{)30}$ $5\overline{)25}$ $5\overline{)0}$ $5\overline{)10}$ $5\overline{)5}$ $5\overline{)45}$ $5\overline{)50}$ $5\overline{)45}$ $5\overline{)50}$ $5\overline{)25}$

$5\overline{)5}$ $5\overline{)25}$ $5\overline{)0}$ $5\overline{)10}$ $5\overline{)5}$ $5\overline{)15}$ $5\overline{)10}$ $5\overline{)50}$ $5\overline{)20}$ $5\overline{)20}$

$5\overline{)5}$ $5\overline{)0}$ $5\overline{)15}$ $5\overline{)45}$ $5\overline{)15}$ $5\overline{)30}$ $5\overline{)10}$ $5\overline{)25}$ $5\overline{)5}$ $5\overline{)35}$

$5\overline{)45}$ $5\overline{)25}$ $5\overline{)25}$ $5\overline{)35}$ $5\overline{)55}$ $5\overline{)30}$ $5\overline{)10}$ $5\overline{)55}$ $5\overline{)5}$ $5\overline{)25}$

$5\overline{)25}$ $5\overline{)5}$ $5\overline{)50}$ $5\overline{)35}$ $5\overline{)10}$ $5\overline{)20}$ $5\overline{)15}$ $5\overline{)55}$ $5\overline{)40}$ $5\overline{)5}$

$5\overline{)5}$ $5\overline{)55}$ $5\overline{)40}$ $5\overline{)55}$ $5\overline{)50}$ $5\overline{)25}$ $5\overline{)50}$ $5\overline{)40}$ $5\overline{)0}$ $5\overline{)55}$

$5\overline{)10}$ $5\overline{)50}$ $5\overline{)40}$ $5\overline{)30}$ $5\overline{)40}$ $5\overline{)50}$ $5\overline{)50}$ $5\overline{)30}$ $5\overline{)5}$ $5\overline{)25}$

$5\overline{)60}$ $5\overline{)60}$ $5\overline{)20}$ $5\overline{)55}$ $5\overline{)15}$ $5\overline{)45}$ $5\overline{)15}$ $5\overline{)10}$ $5\overline{)60}$ $5\overline{)10}$

$5\overline{)50}$ $5\overline{)45}$ $5\overline{)35}$ $5\overline{)30}$ $5\overline{)45}$ $5\overline{)30}$ $5\overline{)35}$ $5\overline{)20}$ $5\overline{)10}$ $5\overline{)20}$

Dividing 5's

Name

Score   / 100

Time   :

$5\overline{)35}$	$5\overline{)0}$	$5\overline{)55}$	$5\overline{)25}$	$5\overline{)15}$	$5\overline{)5}$	$5\overline{)30}$	$5\overline{)50}$	$5\overline{)40}$	$5\overline{)20}$
$5\overline{)10}$	$5\overline{)45}$	$5\overline{)60}$	$5\overline{)45}$	$5\overline{)10}$	$5\overline{)25}$	$5\overline{)15}$	$5\overline{)35}$	$5\overline{)35}$	$5\overline{)50}$
$5\overline{)20}$	$5\overline{)15}$	$5\overline{)10}$	$5\overline{)60}$	$5\overline{)5}$	$5\overline{)60}$	$5\overline{)30}$	$5\overline{)0}$	$5\overline{)25}$	$5\overline{)15}$
$5\overline{)15}$	$5\overline{)15}$	$5\overline{)30}$	$5\overline{)15}$	$5\overline{)25}$	$5\overline{)5}$	$5\overline{)35}$	$5\overline{)45}$	$5\overline{)15}$	$5\overline{)55}$
$5\overline{)55}$	$5\overline{)5}$	$5\overline{)30}$	$5\overline{)10}$	$5\overline{)20}$	$5\overline{)10}$	$5\overline{)0}$	$5\overline{)25}$	$5\overline{)40}$	$5\overline{)25}$
$5\overline{)30}$	$5\overline{)5}$	$5\overline{)15}$	$5\overline{)15}$	$5\overline{)55}$	$5\overline{)20}$	$5\overline{)10}$	$5\overline{)50}$	$5\overline{)40}$	$5\overline{)20}$
$5\overline{)40}$	$5\overline{)30}$	$5\overline{)40}$	$5\overline{)45}$	$5\overline{)45}$	$5\overline{)40}$	$5\overline{)30}$	$5\overline{)45}$	$5\overline{)60}$	$5\overline{)10}$
$5\overline{)50}$	$5\overline{)20}$	$5\overline{)40}$	$5\overline{)30}$	$5\overline{)0}$	$5\overline{)30}$	$5\overline{)25}$	$5\overline{)45}$	$5\overline{)10}$	$5\overline{)20}$
$5\overline{)50}$	$5\overline{)55}$	$5\overline{)15}$	$5\overline{)15}$	$5\overline{)55}$	$5\overline{)15}$	$5\overline{)60}$	$5\overline{)40}$	$5\overline{)20}$	$5\overline{)60}$
$5\overline{)25}$	$5\overline{)15}$	$5\overline{)45}$	$5\overline{)35}$	$5\overline{)5}$	$5\overline{)30}$	$5\overline{)25}$	$5\overline{)45}$	$5\overline{)25}$	$5\overline{)30}$

Dividing 5's	Name	Score / 100	Time :

$5\overline{)35}$ $5\overline{)10}$ $5\overline{)5}$ $5\overline{)20}$ $5\overline{)55}$ $5\overline{)60}$ $5\overline{)50}$ $5\overline{)25}$ $5\overline{)45}$ $5\overline{)40}$

$5\overline{)0}$ $5\overline{)15}$ $5\overline{)30}$ $5\overline{)35}$ $5\overline{)40}$ $5\overline{)25}$ $5\overline{)40}$ $5\overline{)50}$ $5\overline{)55}$ $5\overline{)55}$

$5\overline{)35}$ $5\overline{)50}$ $5\overline{)45}$ $5\overline{)30}$ $5\overline{)10}$ $5\overline{)5}$ $5\overline{)15}$ $5\overline{)55}$ $5\overline{)40}$ $5\overline{)45}$

$5\overline{)20}$ $5\overline{)30}$ $5\overline{)35}$ $5\overline{)40}$ $5\overline{)25}$ $5\overline{)20}$ $5\overline{)45}$ $5\overline{)25}$ $5\overline{)60}$ $5\overline{)15}$

$5\overline{)10}$ $5\overline{)40}$ $5\overline{)40}$ $5\overline{)55}$ $5\overline{)5}$ $5\overline{)10}$ $5\overline{)45}$ $5\overline{)45}$ $5\overline{)35}$ $5\overline{)10}$

$5\overline{)55}$ $5\overline{)15}$ $5\overline{)15}$ $5\overline{)10}$ $5\overline{)50}$ $5\overline{)40}$ $5\overline{)10}$ $5\overline{)20}$ $5\overline{)40}$ $5\overline{)20}$

$5\overline{)25}$ $5\overline{)60}$ $5\overline{)5}$ $5\overline{)45}$ $5\overline{)60}$ $5\overline{)5}$ $5\overline{)45}$ $5\overline{)35}$ $5\overline{)30}$ $5\overline{)30}$

$5\overline{)30}$ $5\overline{)10}$ $5\overline{)10}$ $5\overline{)40}$ $5\overline{)55}$ $5\overline{)15}$ $5\overline{)30}$ $5\overline{)35}$ $5\overline{)35}$ $5\overline{)50}$

$5\overline{)40}$ $5\overline{)40}$ $5\overline{)55}$ $5\overline{)50}$ $5\overline{)5}$ $5\overline{)0}$ $5\overline{)45}$ $5\overline{)10}$ $5\overline{)35}$ $5\overline{)15}$

$5\overline{)40}$ $5\overline{)30}$ $5\overline{)35}$ $5\overline{)10}$ $5\overline{)45}$ $5\overline{)15}$ $5\overline{)30}$ $5\overline{)40}$ $5\overline{)10}$ $5\overline{)55}$

Dividing 6's

Name | Score / 100 | Time :

$6\overline{)0}$ $6\overline{)18}$ $6\overline{)60}$ $6\overline{)42}$ $6\overline{)24}$ $6\overline{)54}$ $6\overline{)48}$ $6\overline{)6}$ $6\overline{)30}$ $6\overline{)72}$

$6\overline{)12}$ $6\overline{)36}$ $6\overline{)66}$ $6\overline{)60}$ $6\overline{)54}$ $6\overline{)18}$ $6\overline{)42}$ $6\overline{)42}$ $6\overline{)18}$ $6\overline{)48}$

$6\overline{)54}$ $6\overline{)18}$ $6\overline{)42}$ $6\overline{)24}$ $6\overline{)30}$ $6\overline{)60}$ $6\overline{)30}$ $6\overline{)66}$ $6\overline{)66}$ $6\overline{)36}$

$6\overline{)54}$ $6\overline{)24}$ $6\overline{)0}$ $6\overline{)30}$ $6\overline{)48}$ $6\overline{)48}$ $6\overline{)60}$ $6\overline{)12}$ $6\overline{)24}$ $6\overline{)60}$

$6\overline{)18}$ $6\overline{)36}$ $6\overline{)0}$ $6\overline{)42}$ $6\overline{)60}$ $6\overline{)12}$ $6\overline{)0}$ $6\overline{)24}$ $6\overline{)12}$ $6\overline{)30}$

$6\overline{)0}$ $6\overline{)24}$ $6\overline{)36}$ $6\overline{)60}$ $6\overline{)12}$ $6\overline{)42}$ $6\overline{)54}$ $6\overline{)60}$ $6\overline{)12}$ $6\overline{)42}$

$6\overline{)6}$ $6\overline{)48}$ $6\overline{)66}$ $6\overline{)36}$ $6\overline{)30}$ $6\overline{)42}$ $6\overline{)66}$ $6\overline{)18}$ $6\overline{)36}$ $6\overline{)66}$

$6\overline{)42}$ $6\overline{)12}$ $6\overline{)12}$ $6\overline{)42}$ $6\overline{)42}$ $6\overline{)18}$ $6\overline{)12}$ $6\overline{)60}$ $6\overline{)66}$ $6\overline{)24}$

$6\overline{)24}$ $6\overline{)66}$ $6\overline{)24}$ $6\overline{)48}$ $6\overline{)54}$ $6\overline{)12}$ $6\overline{)36}$ $6\overline{)72}$ $6\overline{)36}$ $6\overline{)66}$

$6\overline{)24}$ $6\overline{)36}$ $6\overline{)24}$ $6\overline{)18}$ $6\overline{)72}$ $6\overline{)30}$ $6\overline{)66}$ $6\overline{)36}$ $6\overline{)60}$ $6\overline{)0}$

Dividing 6's	Name	Score / 100	Time :

$6\overline{)30}$ $6\overline{)72}$ $6\overline{)42}$ $6\overline{)18}$ $6\overline{)66}$ $6\overline{)24}$ $6\overline{)6}$ $6\overline{)54}$ $6\overline{)12}$ $6\overline{)36}$

$6\overline{)0}$ $6\overline{)60}$ $6\overline{)48}$ $6\overline{)48}$ $6\overline{)66}$ $6\overline{)60}$ $6\overline{)18}$ $6\overline{)36}$ $6\overline{)0}$ $6\overline{)6}$

$6\overline{)30}$ $6\overline{)54}$ $6\overline{)54}$ $6\overline{)24}$ $6\overline{)48}$ $6\overline{)42}$ $6\overline{)48}$ $6\overline{)18}$ $6\overline{)60}$ $6\overline{)54}$

$6\overline{)24}$ $6\overline{)60}$ $6\overline{)48}$ $6\overline{)12}$ $6\overline{)12}$ $6\overline{)30}$ $6\overline{)66}$ $6\overline{)18}$ $6\overline{)30}$ $6\overline{)6}$

$6\overline{)36}$ $6\overline{)0}$ $6\overline{)48}$ $6\overline{)24}$ $6\overline{)54}$ $6\overline{)72}$ $6\overline{)6}$ $6\overline{)24}$ $6\overline{)12}$ $6\overline{)54}$

$6\overline{)24}$ $6\overline{)6}$ $6\overline{)12}$ $6\overline{)60}$ $6\overline{)30}$ $6\overline{)18}$ $6\overline{)60}$ $6\overline{)72}$ $6\overline{)48}$ $6\overline{)18}$

$6\overline{)6}$ $6\overline{)12}$ $6\overline{)48}$ $6\overline{)30}$ $6\overline{)60}$ $6\overline{)42}$ $6\overline{)54}$ $6\overline{)18}$ $6\overline{)48}$ $6\overline{)66}$

$6\overline{)60}$ $6\overline{)6}$ $6\overline{)6}$ $6\overline{)18}$ $6\overline{)0}$ $6\overline{)60}$ $6\overline{)36}$ $6\overline{)6}$ $6\overline{)18}$ $6\overline{)18}$

$6\overline{)60}$ $6\overline{)66}$ $6\overline{)60}$ $6\overline{)36}$ $6\overline{)24}$ $6\overline{)18}$ $6\overline{)66}$ $6\overline{)12}$ $6\overline{)6}$ $6\overline{)24}$

$6\overline{)30}$ $6\overline{)12}$ $6\overline{)48}$ $6\overline{)30}$ $6\overline{)48}$ $6\overline{)60}$ $6\overline{)30}$ $6\overline{)24}$ $6\overline{)42}$ $6\overline{)24}$

Dividing 6's

Name	Score	Time
	/ 100	:

$6\overline{)6}$ $6\overline{)66}$ $6\overline{)42}$ $6\overline{)48}$ $6\overline{)0}$ $6\overline{)54}$ $6\overline{)30}$ $6\overline{)18}$ $6\overline{)24}$ $6\overline{)12}$

$6\overline{)60}$ $6\overline{)72}$ $6\overline{)36}$ $6\overline{)0}$ $6\overline{)6}$ $6\overline{)54}$ $6\overline{)36}$ $6\overline{)12}$ $6\overline{)18}$ $6\overline{)60}$

$6\overline{)18}$ $6\overline{)30}$ $6\overline{)42}$ $6\overline{)18}$ $6\overline{)42}$ $6\overline{)36}$ $6\overline{)30}$ $6\overline{)60}$ $6\overline{)36}$ $6\overline{)6}$

$6\overline{)18}$ $6\overline{)30}$ $6\overline{)0}$ $6\overline{)72}$ $6\overline{)60}$ $6\overline{)60}$ $6\overline{)60}$ $6\overline{)48}$ $6\overline{)6}$ $6\overline{)36}$

$6\overline{)54}$ $6\overline{)18}$ $6\overline{)0}$ $6\overline{)24}$ $6\overline{)18}$ $6\overline{)48}$ $6\overline{)36}$ $6\overline{)12}$ $6\overline{)42}$ $6\overline{)18}$

$6\overline{)18}$ $6\overline{)42}$ $6\overline{)48}$ $6\overline{)30}$ $6\overline{)0}$ $6\overline{)36}$ $6\overline{)30}$ $6\overline{)60}$ $6\overline{)42}$ $6\overline{)24}$

$6\overline{)66}$ $6\overline{)60}$ $6\overline{)36}$ $6\overline{)18}$ $6\overline{)30}$ $6\overline{)30}$ $6\overline{)18}$ $6\overline{)36}$ $6\overline{)42}$ $6\overline{)12}$

$6\overline{)18}$ $6\overline{)18}$ $6\overline{)6}$ $6\overline{)36}$ $6\overline{)36}$ $6\overline{)48}$ $6\overline{)60}$ $6\overline{)0}$ $6\overline{)24}$ $6\overline{)30}$

$6\overline{)18}$ $6\overline{)6}$ $6\overline{)54}$ $6\overline{)48}$ $6\overline{)6}$ $6\overline{)0}$ $6\overline{)36}$ $6\overline{)54}$ $6\overline{)60}$ $6\overline{)54}$

$6\overline{)30}$ $6\overline{)12}$ $6\overline{)60}$ $6\overline{)12}$ $6\overline{)66}$ $6\overline{)30}$ $6\overline{)18}$ $6\overline{)42}$ $6\overline{)54}$ $6\overline{)18}$

Name	Score	Time
Dividing 6's	/ 100	:

$6\overline{)60}$ $\quad$ $6\overline{)48}$ $\quad$ $6\overline{)12}$ $\quad$ $6\overline{)6}$ $\quad$ $6\overline{)24}$ $\quad$ $6\overline{)42}$ $\quad$ $6\overline{)36}$ $\quad$ $6\overline{)30}$ $\quad$ $6\overline{)18}$ $\quad$ $6\overline{)54}$

$6\overline{)72}$ $\quad$ $6\overline{)66}$ $\quad$ $6\overline{)0}$ $\quad$ $6\overline{)36}$ $\quad$ $6\overline{)18}$ $\quad$ $6\overline{)30}$ $\quad$ $6\overline{)48}$ $\quad$ $6\overline{)36}$ $\quad$ $6\overline{)36}$ $\quad$ $6\overline{)36}$

$6\overline{)18}$ $\quad$ $6\overline{)30}$ $\quad$ $6\overline{)0}$ $\quad$ $6\overline{)30}$ $\quad$ $6\overline{)42}$ $\quad$ $6\overline{)30}$ $\quad$ $6\overline{)30}$ $\quad$ $6\overline{)36}$ $\quad$ $6\overline{)18}$ $\quad$ $6\overline{)66}$

$6\overline{)36}$ $\quad$ $6\overline{)42}$ $\quad$ $6\overline{)54}$ $\quad$ $6\overline{)66}$ $\quad$ $6\overline{)12}$ $\quad$ $6\overline{)66}$ $\quad$ $6\overline{)30}$ $\quad$ $6\overline{)36}$ $\quad$ $6\overline{)72}$ $\quad$ $6\overline{)30}$

$6\overline{)36}$ $\quad$ $6\overline{)54}$ $\quad$ $6\overline{)42}$ $\quad$ $6\overline{)48}$ $\quad$ $6\overline{)60}$ $\quad$ $6\overline{)18}$ $\quad$ $6\overline{)0}$ $\quad$ $6\overline{)0}$ $\quad$ $6\overline{)36}$ $\quad$ $6\overline{)6}$

$6\overline{)18}$ $\quad$ $6\overline{)66}$ $\quad$ $6\overline{)24}$ $\quad$ $6\overline{)36}$ $\quad$ $6\overline{)12}$ $\quad$ $6\overline{)24}$ $\quad$ $6\overline{)54}$ $\quad$ $6\overline{)0}$ $\quad$ $6\overline{)24}$ $\quad$ $6\overline{)0}$

$6\overline{)54}$ $\quad$ $6\overline{)72}$ $\quad$ $6\overline{)42}$ $\quad$ $6\overline{)12}$ $\quad$ $6\overline{)24}$ $\quad$ $6\overline{)30}$ $\quad$ $6\overline{)30}$ $\quad$ $6\overline{)6}$ $\quad$ $6\overline{)30}$ $\quad$ $6\overline{)36}$

$6\overline{)54}$ $\quad$ $6\overline{)72}$ $\quad$ $6\overline{)6}$ $\quad$ $6\overline{)12}$ $\quad$ $6\overline{)12}$ $\quad$ $6\overline{)24}$ $\quad$ $6\overline{)72}$ $\quad$ $6\overline{)12}$ $\quad$ $6\overline{)0}$ $\quad$ $6\overline{)60}$

$6\overline{)60}$ $\quad$ $6\overline{)30}$ $\quad$ $6\overline{)0}$ $\quad$ $6\overline{)48}$ $\quad$ $6\overline{)60}$ $\quad$ $6\overline{)24}$ $\quad$ $6\overline{)48}$ $\quad$ $6\overline{)42}$ $\quad$ $6\overline{)24}$ $\quad$ $6\overline{)6}$

$6\overline{)48}$ $\quad$ $6\overline{)30}$ $\quad$ $6\overline{)60}$ $\quad$ $6\overline{)12}$ $\quad$ $6\overline{)12}$ $\quad$ $6\overline{)54}$ $\quad$ $6\overline{)24}$ $\quad$ $6\overline{)6}$ $\quad$ $6\overline{)72}$ $\quad$ $6\overline{)0}$

Dividing 6's

Name

Score / 100

Time :

6)24	6)66	6)0	6)48	6)6	6)54	6)42	6)18	6)12	6)30
6)36	6)60	6)72	6)66	6)72	6)42	6)54	6)42	6)60	6)6
6)60	6)24	6)42	6)72	6)60	6)24	6)36	6)18	6)60	6)30
6)12	6)30	6)6	6)54	6)36	6)24	6)0	6)72	6)60	6)66
6)72	6)0	6)54	6)30	6)42	6)24	6)66	6)36	6)36	6)24
6)66	6)60	6)18	6)6	6)48	6)66	6)48	6)6	6)72	6)60
6)24	6)12	6)18	6)18	6)36	6)12	6)54	6)60	6)24	6)54
6)30	6)54	6)12	6)36	6)36	6)12	6)6	6)54	6)12	6)18
6)42	6)54	6)12	6)12	6)60	6)60	6)18	6)54	6)12	6)24
6)36	6)24	6)66	6)6	6)48	6)24	6)6	6)18	6)54	6)18

Dividing 6's

Name

Score / 100

Time :

$6\overline{)6}$ $6\overline{)54}$ $6\overline{)72}$ $6\overline{)30}$ $6\overline{)24}$ $6\overline{)60}$ $6\overline{)66}$ $6\overline{)0}$ $6\overline{)48}$ $6\overline{)36}$

$6\overline{)12}$ $6\overline{)18}$ $6\overline{)42}$ $6\overline{)66}$ $6\overline{)6}$ $6\overline{)48}$ $6\overline{)54}$ $6\overline{)30}$ $6\overline{)0}$ $6\overline{)48}$

$6\overline{)72}$ $6\overline{)66}$ $6\overline{)72}$ $6\overline{)12}$ $6\overline{)60}$ $6\overline{)12}$ $6\overline{)66}$ $6\overline{)66}$ $6\overline{)36}$ $6\overline{)6}$

$6\overline{)54}$ $6\overline{)72}$ $6\overline{)72}$ $6\overline{)60}$ $6\overline{)36}$ $6\overline{)72}$ $6\overline{)54}$ $6\overline{)60}$ $6\overline{)60}$ $6\overline{)60}$

$6\overline{)54}$ $6\overline{)36}$ $6\overline{)60}$ $6\overline{)54}$ $6\overline{)48}$ $6\overline{)72}$ $6\overline{)54}$ $6\overline{)6}$ $6\overline{)66}$ $6\overline{)18}$

$6\overline{)48}$ $6\overline{)30}$ $6\overline{)42}$ $6\overline{)72}$ $6\overline{)66}$ $6\overline{)18}$ $6\overline{)42}$ $6\overline{)36}$ $6\overline{)30}$ $6\overline{)24}$

$6\overline{)54}$ $6\overline{)42}$ $6\overline{)36}$ $6\overline{)30}$ $6\overline{)24}$ $6\overline{)24}$ $6\overline{)42}$ $6\overline{)42}$ $6\overline{)24}$ $6\overline{)48}$

$6\overline{)54}$ $6\overline{)6}$ $6\overline{)24}$ $6\overline{)48}$ $6\overline{)72}$ $6\overline{)48}$ $6\overline{)72}$ $6\overline{)18}$ $6\overline{)54}$ $6\overline{)12}$

$6\overline{)36}$ $6\overline{)30}$ $6\overline{)18}$ $6\overline{)42}$ $6\overline{)12}$ $6\overline{)72}$ $6\overline{)48}$ $6\overline{)6}$ $6\overline{)36}$ $6\overline{)72}$

$6\overline{)18}$ $6\overline{)48}$ $6\overline{)54}$ $6\overline{)66}$ $6\overline{)54}$ $6\overline{)48}$ $6\overline{)48}$ $6\overline{)72}$ $6\overline{)18}$ $6\overline{)60}$

Dividing 7's

Name

Score / 100

Time :

$7\overline{)14}$	$7\overline{)63}$	$7\overline{)56}$	$7\overline{)7}$	$7\overline{)35}$	$7\overline{)21}$	$7\overline{)77}$	$7\overline{)70}$	$7\overline{)28}$	$7\overline{)42}$
$7\overline{)49}$	$7\overline{)84}$	$7\overline{)56}$	$7\overline{)7}$	$7\overline{)0}$	$7\overline{)14}$	$7\overline{)70}$	$7\overline{)63}$	$7\overline{)56}$	$7\overline{)42}$
$7\overline{)70}$	$7\overline{)42}$	$7\overline{)56}$	$7\overline{)42}$	$7\overline{)63}$	$7\overline{)84}$	$7\overline{)70}$	$7\overline{)35}$	$7\overline{)0}$	$7\overline{)42}$
$7\overline{)63}$	$7\overline{)70}$	$7\overline{)84}$	$7\overline{)7}$	$7\overline{)49}$	$7\overline{)70}$	$7\overline{)84}$	$7\overline{)84}$	$7\overline{)21}$	$7\overline{)56}$
$7\overline{)56}$	$7\overline{)21}$	$7\overline{)7}$	$7\overline{)0}$	$7\overline{)21}$	$7\overline{)42}$	$7\overline{)14}$	$7\overline{)84}$	$7\overline{)42}$	$7\overline{)42}$
$7\overline{)7}$	$7\overline{)84}$	$7\overline{)35}$	$7\overline{)35}$	$7\overline{)49}$	$7\overline{)7}$	$7\overline{)28}$	$7\overline{)49}$	$7\overline{)63}$	$7\overline{)35}$
$7\overline{)21}$	$7\overline{)49}$	$7\overline{)7}$	$7\overline{)56}$	$7\overline{)21}$	$7\overline{)84}$	$7\overline{)14}$	$7\overline{)70}$	$7\overline{)77}$	$7\overline{)63}$
$7\overline{)14}$	$7\overline{)14}$	$7\overline{)28}$	$7\overline{)14}$	$7\overline{)7}$	$7\overline{)28}$	$7\overline{)84}$	$7\overline{)21}$	$7\overline{)35}$	$7\overline{)35}$
$7\overline{)28}$	$7\overline{)21}$	$7\overline{)28}$	$7\overline{)42}$	$7\overline{)14}$	$7\overline{)7}$	$7\overline{)42}$	$7\overline{)0}$	$7\overline{)70}$	$7\overline{)56}$
$7\overline{)35}$	$7\overline{)21}$	$7\overline{)35}$	$7\overline{)56}$	$7\overline{)28}$	$7\overline{)7}$	$7\overline{)70}$	$7\overline{)14}$	$7\overline{)21}$	$7\overline{)14}$

$7\overline{)49}$	$7\overline{)70}$	$7\overline{)63}$	$7\overline{)56}$	$7\overline{)0}$	$7\overline{)21}$	$7\overline{)42}$	$7\overline{)14}$	$7\overline{)7}$	$7\overline{)35}$
$7\overline{)84}$	$7\overline{)28}$	$7\overline{)77}$	$7\overline{)35}$	$7\overline{)49}$	$7\overline{)84}$	$7\overline{)21}$	$7\overline{)49}$	$7\overline{)56}$	$7\overline{)70}$
$7\overline{)63}$	$7\overline{)0}$	$7\overline{)0}$	$7\overline{)14}$	$7\overline{)42}$	$7\overline{)14}$	$7\overline{)14}$	$7\overline{)21}$	$7\overline{)49}$	$7\overline{)49}$
$7\overline{)56}$	$7\overline{)35}$	$7\overline{)7}$	$7\overline{)0}$	$7\overline{)63}$	$7\overline{)77}$	$7\overline{)63}$	$7\overline{)0}$	$7\overline{)35}$	$7\overline{)70}$
$7\overline{)84}$	$7\overline{)0}$	$7\overline{)0}$	$7\overline{)49}$	$7\overline{)28}$	$7\overline{)28}$	$7\overline{)0}$	$7\overline{)84}$	$7\overline{)42}$	$7\overline{)42}$
$7\overline{)77}$	$7\overline{)42}$	$7\overline{)35}$	$7\overline{)14}$	$7\overline{)7}$	$7\overline{)35}$	$7\overline{)70}$	$7\overline{)84}$	$7\overline{)7}$	$7\overline{)35}$
$7\overline{)49}$	$7\overline{)84}$	$7\overline{)56}$	$7\overline{)77}$	$7\overline{)21}$	$7\overline{)21}$	$7\overline{)42}$	$7\overline{)49}$	$7\overline{)63}$	$7\overline{)7}$
$7\overline{)35}$	$7\overline{)77}$	$7\overline{)77}$	$7\overline{)56}$	$7\overline{)63}$	$7\overline{)14}$	$7\overline{)77}$	$7\overline{)21}$	$7\overline{)35}$	$7\overline{)77}$
$7\overline{)28}$	$7\overline{)0}$	$7\overline{)42}$	$7\overline{)77}$	$7\overline{)21}$	$7\overline{)0}$	$7\overline{)56}$	$7\overline{)42}$	$7\overline{)77}$	$7\overline{)70}$
$7\overline{)84}$	$7\overline{)56}$	$7\overline{)28}$	$7\overline{)63}$	$7\overline{)0}$	$7\overline{)35}$	$7\overline{)77}$	$7\overline{)7}$	$7\overline{)0}$	$7\overline{)70}$

Dividing 7's

Name		Score	/ 100	Time	:

$7\overline{)77}$ $7\overline{)21}$ $7\overline{)70}$ $7\overline{)49}$ $7\overline{)63}$ $7\overline{)7}$ $7\overline{)42}$ $7\overline{)0}$ $7\overline{)14}$ $7\overline{)84}$

$7\overline{)56}$ $7\overline{)35}$ $7\overline{)28}$ $7\overline{)42}$ $7\overline{)35}$ $7\overline{)49}$ $7\overline{)70}$ $7\overline{)84}$ $7\overline{)28}$ $7\overline{)7}$

$7\overline{)77}$ $7\overline{)21}$ $7\overline{)56}$ $7\overline{)42}$ $7\overline{)14}$ $7\overline{)14}$ $7\overline{)63}$ $7\overline{)84}$ $7\overline{)28}$ $7\overline{)77}$

$7\overline{)63}$ $7\overline{)0}$ $7\overline{)14}$ $7\overline{)28}$ $7\overline{)70}$ $7\overline{)21}$ $7\overline{)7}$ $7\overline{)49}$ $7\overline{)14}$ $7\overline{)70}$

$7\overline{)63}$ $7\overline{)63}$ $7\overline{)7}$ $7\overline{)35}$ $7\overline{)14}$ $7\overline{)70}$ $7\overline{)7}$ $7\overline{)35}$ $7\overline{)7}$ $7\overline{)21}$

$7\overline{)0}$ $7\overline{)28}$ $7\overline{)77}$ $7\overline{)14}$ $7\overline{)42}$ $7\overline{)42}$ $7\overline{)77}$ $7\overline{)35}$ $7\overline{)35}$ $7\overline{)21}$

$7\overline{)56}$ $7\overline{)84}$ $7\overline{)49}$ $7\overline{)42}$ $7\overline{)63}$ $7\overline{)77}$ $7\overline{)35}$ $7\overline{)7}$ $7\overline{)35}$ $7\overline{)21}$

$7\overline{)70}$ $7\overline{)77}$ $7\overline{)7}$ $7\overline{)77}$ $7\overline{)7}$ $7\overline{)84}$ $7\overline{)28}$ $7\overline{)56}$ $7\overline{)35}$ $7\overline{)21}$

$7\overline{)42}$ $7\overline{)70}$ $7\overline{)70}$ $7\overline{)49}$ $7\overline{)70}$ $7\overline{)63}$ $7\overline{)77}$ $7\overline{)56}$ $7\overline{)49}$ $7\overline{)56}$

$7\overline{)70}$ $7\overline{)77}$ $7\overline{)7}$ $7\overline{)14}$ $7\overline{)77}$ $7\overline{)42}$ $7\overline{)70}$ $7\overline{)0}$ $7\overline{)28}$ $7\overline{)7}$

Dividing 7's

Name _____ **Score** / 100 **Time** :

$7\overline{)21}$	$7\overline{)56}$	$7\overline{)7}$	$7\overline{)14}$	$7\overline{)49}$	$7\overline{)42}$	$7\overline{)28}$	$7\overline{)35}$	$7\overline{)84}$	$7\overline{)63}$
$7\overline{)0}$	$7\overline{)70}$	$7\overline{)77}$	$7\overline{)14}$	$7\overline{)0}$	$7\overline{)28}$	$7\overline{)49}$	$7\overline{)70}$	$7\overline{)0}$	$7\overline{)35}$
$7\overline{)14}$	$7\overline{)21}$	$7\overline{)63}$	$7\overline{)7}$	$7\overline{)42}$	$7\overline{)28}$	$7\overline{)21}$	$7\overline{)49}$	$7\overline{)21}$	$7\overline{)56}$
$7\overline{)7}$	$7\overline{)7}$	$7\overline{)21}$	$7\overline{)21}$	$7\overline{)14}$	$7\overline{)84}$	$7\overline{)56}$	$7\overline{)35}$	$7\overline{)21}$	$7\overline{)14}$
$7\overline{)35}$	$7\overline{)21}$	$7\overline{)63}$	$7\overline{)21}$	$7\overline{)42}$	$7\overline{)42}$	$7\overline{)35}$	$7\overline{)0}$	$7\overline{)28}$	$7\overline{)63}$
$7\overline{)14}$	$7\overline{)63}$	$7\overline{)7}$	$7\overline{)56}$	$7\overline{)14}$	$7\overline{)7}$	$7\overline{)56}$	$7\overline{)63}$	$7\overline{)42}$	$7\overline{)49}$
$7\overline{)35}$	$7\overline{)0}$	$7\overline{)77}$	$7\overline{)70}$	$7\overline{)21}$	$7\overline{)70}$	$7\overline{)7}$	$7\overline{)14}$	$7\overline{)56}$	$7\overline{)84}$
$7\overline{)28}$	$7\overline{)84}$	$7\overline{)28}$	$7\overline{)21}$	$7\overline{)28}$	$7\overline{)21}$	$7\overline{)63}$	$7\overline{)21}$	$7\overline{)21}$	$7\overline{)21}$
$7\overline{)35}$	$7\overline{)14}$	$7\overline{)84}$	$7\overline{)63}$	$7\overline{)70}$	$7\overline{)21}$	$7\overline{)42}$	$7\overline{)77}$	$7\overline{)42}$	$7\overline{)0}$
$7\overline{)14}$	$7\overline{)35}$	$7\overline{)35}$	$7\overline{)42}$	$7\overline{)63}$	$7\overline{)70}$	$7\overline{)35}$	$7\overline{)7}$	$7\overline{)28}$	$7\overline{)77}$

Dividing 7's

Name

Score   / 100

Time   :

$7\overline{)28}$	$7\overline{)49}$	$7\overline{)21}$	$7\overline{)63}$	$7\overline{)0}$	$7\overline{)70}$	$7\overline{)7}$	$7\overline{)77}$	$7\overline{)84}$	$7\overline{)14}$
$7\overline{)35}$	$7\overline{)56}$	$7\overline{)42}$	$7\overline{)28}$	$7\overline{)49}$	$7\overline{)49}$	$7\overline{)63}$	$7\overline{)70}$	$7\overline{)84}$	$7\overline{)7}$
$7\overline{)0}$	$7\overline{)63}$	$7\overline{)63}$	$7\overline{)28}$	$7\overline{)28}$	$7\overline{)21}$	$7\overline{)21}$	$7\overline{)14}$	$7\overline{)70}$	$7\overline{)56}$
$7\overline{)49}$	$7\overline{)70}$	$7\overline{)21}$	$7\overline{)49}$	$7\overline{)35}$	$7\overline{)42}$	$7\overline{)70}$	$7\overline{)77}$	$7\overline{)77}$	$7\overline{)49}$
$7\overline{)42}$	$7\overline{)49}$	$7\overline{)7}$	$7\overline{)70}$	$7\overline{)42}$	$7\overline{)56}$	$7\overline{)42}$	$7\overline{)21}$	$7\overline{)28}$	$7\overline{)63}$
$7\overline{)56}$	$7\overline{)77}$	$7\overline{)14}$	$7\overline{)63}$	$7\overline{)28}$	$7\overline{)77}$	$7\overline{)28}$	$7\overline{)63}$	$7\overline{)0}$	$7\overline{)77}$
$7\overline{)7}$	$7\overline{)7}$	$7\overline{)7}$	$7\overline{)0}$	$7\overline{)77}$	$7\overline{)14}$	$7\overline{)49}$	$7\overline{)84}$	$7\overline{)77}$	$7\overline{)56}$
$7\overline{)84}$	$7\overline{)77}$	$7\overline{)35}$	$7\overline{)28}$	$7\overline{)7}$	$7\overline{)42}$	$7\overline{)42}$	$7\overline{)49}$	$7\overline{)63}$	$7\overline{)14}$
$7\overline{)21}$	$7\overline{)77}$	$7\overline{)21}$	$7\overline{)56}$	$7\overline{)28}$	$7\overline{)14}$	$7\overline{)35}$	$7\overline{)28}$	$7\overline{)42}$	$7\overline{)42}$
$7\overline{)21}$	$7\overline{)77}$	$7\overline{)14}$	$7\overline{)49}$	$7\overline{)77}$	$7\overline{)77}$	$7\overline{)56}$	$7\overline{)49}$	$7\overline{)56}$	$7\overline{)42}$

Dividing 7's	Name	Score	Time
		/ 100	:

$7\overline{)77}$ $7\overline{)42}$ $7\overline{)49}$ $7\overline{)0}$ $7\overline{)14}$ $7\overline{)63}$ $7\overline{)28}$ $7\overline{)70}$ $7\overline{)35}$ $7\overline{)84}$

$7\overline{)56}$ $7\overline{)7}$ $7\overline{)21}$ $7\overline{)56}$ $7\overline{)70}$ $7\overline{)35}$ $7\overline{)63}$ $7\overline{)14}$ $7\overline{)35}$ $7\overline{)56}$

$7\overline{)7}$ $7\overline{)63}$ $7\overline{)14}$ $7\overline{)49}$ $7\overline{)56}$ $7\overline{)56}$ $7\overline{)21}$ $7\overline{)77}$ $7\overline{)7}$ $7\overline{)7}$

$7\overline{)0}$ $7\overline{)7}$ $7\overline{)77}$ $7\overline{)49}$ $7\overline{)42}$ $7\overline{)70}$ $7\overline{)56}$ $7\overline{)21}$ $7\overline{)63}$ $7\overline{)70}$

$7\overline{)49}$ $7\overline{)14}$ $7\overline{)14}$ $7\overline{)77}$ $7\overline{)7}$ $7\overline{)7}$ $7\overline{)63}$ $7\overline{)7}$ $7\overline{)77}$ $7\overline{)14}$

$7\overline{)63}$ $7\overline{)42}$ $7\overline{)70}$ $7\overline{)70}$ $7\overline{)70}$ $7\overline{)28}$ $7\overline{)35}$ $7\overline{)7}$ $7\overline{)56}$ $7\overline{)56}$

$7\overline{)7}$ $7\overline{)49}$ $7\overline{)49}$ $7\overline{)14}$ $7\overline{)70}$ $7\overline{)70}$ $7\overline{)7}$ $7\overline{)14}$ $7\overline{)21}$ $7\overline{)21}$

$7\overline{)63}$ $7\overline{)28}$ $7\overline{)56}$ $7\overline{)0}$ $7\overline{)21}$ $7\overline{)35}$ $7\overline{)77}$ $7\overline{)14}$ $7\overline{)42}$ $7\overline{)35}$

$7\overline{)28}$ $7\overline{)56}$ $7\overline{)70}$ $7\overline{)28}$ $7\overline{)14}$ $7\overline{)35}$ $7\overline{)28}$ $7\overline{)42}$ $7\overline{)49}$ $7\overline{)35}$

$7\overline{)49}$ $7\overline{)14}$ $7\overline{)0}$ $7\overline{)14}$ $7\overline{)63}$ $7\overline{)77}$ $7\overline{)21}$ $7\overline{)7}$ $7\overline{)21}$ $7\overline{)56}$

Dividing 8's

Name	Score	Time
	/ 100	:

$8\overline{)16}$ $8\overline{)56}$ $8\overline{)72}$ $8\overline{)88}$ $8\overline{)32}$ $8\overline{)40}$ $8\overline{)48}$ $8\overline{)80}$ $8\overline{)24}$ $8\overline{)96}$

$8\overline{)8}$ $8\overline{)64}$ $8\overline{)0}$ $8\overline{)24}$ $8\overline{)72}$ $8\overline{)16}$ $8\overline{)56}$ $8\overline{)40}$ $8\overline{)72}$ $8\overline{)16}$

$8\overline{)8}$ $8\overline{)32}$ $8\overline{)88}$ $8\overline{)72}$ $8\overline{)88}$ $8\overline{)40}$ $8\overline{)88}$ $8\overline{)8}$ $8\overline{)80}$ $8\overline{)8}$

$8\overline{)8}$ $8\overline{)48}$ $8\overline{)72}$ $8\overline{)48}$ $8\overline{)24}$ $8\overline{)16}$ $8\overline{)48}$ $8\overline{)96}$ $8\overline{)56}$ $8\overline{)72}$

$8\overline{)88}$ $8\overline{)72}$ $8\overline{)64}$ $8\overline{)32}$ $8\overline{)8}$ $8\overline{)80}$ $8\overline{)8}$ $8\overline{)8}$ $8\overline{)24}$ $8\overline{)24}$

$8\overline{)72}$ $8\overline{)88}$ $8\overline{)72}$ $8\overline{)80}$ $8\overline{)16}$ $8\overline{)8}$ $8\overline{)96}$ $8\overline{)96}$ $8\overline{)0}$ $8\overline{)48}$

$8\overline{)80}$ $8\overline{)56}$ $8\overline{)24}$ $8\overline{)72}$ $8\overline{)56}$ $8\overline{)56}$ $8\overline{)8}$ $8\overline{)72}$ $8\overline{)24}$ $8\overline{)72}$

$8\overline{)80}$ $8\overline{)40}$ $8\overline{)72}$ $8\overline{)80}$ $8\overline{)48}$ $8\overline{)16}$ $8\overline{)56}$ $8\overline{)88}$ $8\overline{)8}$ $8\overline{)64}$

$8\overline{)48}$ $8\overline{)64}$ $8\overline{)80}$ $8\overline{)0}$ $8\overline{)88}$ $8\overline{)88}$ $8\overline{)88}$ $8\overline{)80}$ $8\overline{)40}$ $8\overline{)80}$

$8\overline{)72}$ $8\overline{)32}$ $8\overline{)40}$ $8\overline{)64}$ $8\overline{)8}$ $8\overline{)32}$ $8\overline{)56}$ $8\overline{)32}$ $8\overline{)40}$ $8\overline{)80}$

Dividing 8's

Name

Score / 100

Time :

8)40	8)80	8)0	8)32	8)8	8)64	8)96	8)24	8)56	8)48
8)72	8)16	8)88	8)24	8)24	8)32	8)32	8)96	8)8	8)8
8)40	8)80	8)80	8)80	8)0	8)32	8)88	8)64	8)80	8)32
8)96	8)80	8)24	8)32	8)96	8)16	8)8	8)32	8)32	8)40
8)56	8)56	8)24	8)72	8)24	8)8	8)80	8)96	8)48	8)8
8)8	8)24	8)80	8)96	8)32	8)8	8)40	8)88	8)40	8)24
8)80	8)48	8)48	8)56	8)72	8)16	8)88	8)80	8)16	8)40
8)96	8)88	8)32	8)88	8)16	8)88	8)80	8)88	8)88	8)24
8)72	8)16	8)40	8)24	8)88	8)48	8)48	8)56	8)48	8)32
8)72	8)64	8)24	8)16	8)24	8)80	8)16	8)64	8)88	8)96

Dividing 8's

Name

Score / 100

Time :

$8\overline{)56}$ $\quad$ $8\overline{)64}$ $\quad$ $8\overline{)48}$ $\quad$ $8\overline{)88}$ $\quad$ $8\overline{)40}$ $\quad$ $8\overline{)8}$ $\quad$ $8\overline{)16}$ $\quad$ $8\overline{)32}$ $\quad$ $8\overline{)72}$ $\quad$ $8\overline{)24}$

$8\overline{)80}$ $\quad$ $8\overline{)0}$ $\quad$ $8\overline{)64}$ $\quad$ $8\overline{)96}$ $\quad$ $8\overline{)8}$ $\quad$ $8\overline{)24}$ $\quad$ $8\overline{)80}$ $\quad$ $8\overline{)8}$ $\quad$ $8\overline{)88}$ $\quad$ $8\overline{)48}$

$8\overline{)32}$ $\quad$ $8\overline{)48}$ $\quad$ $8\overline{)80}$ $\quad$ $8\overline{)88}$ $\quad$ $8\overline{)64}$ $\quad$ $8\overline{)72}$ $\quad$ $8\overline{)8}$ $\quad$ $8\overline{)88}$ $\quad$ $8\overline{)80}$ $\quad$ $8\overline{)40}$

$8\overline{)32}$ $\quad$ $8\overline{)16}$ $\quad$ $8\overline{)8}$ $\quad$ $8\overline{)64}$ $\quad$ $8\overline{)16}$ $\quad$ $8\overline{)16}$ $\quad$ $8\overline{)0}$ $\quad$ $8\overline{)64}$ $\quad$ $8\overline{)80}$ $\quad$ $8\overline{)64}$

$8\overline{)40}$ $\quad$ $8\overline{)72}$ $\quad$ $8\overline{)96}$ $\quad$ $8\overline{)80}$ $\quad$ $8\overline{)56}$ $\quad$ $8\overline{)72}$ $\quad$ $8\overline{)72}$ $\quad$ $8\overline{)8}$ $\quad$ $8\overline{)16}$ $\quad$ $8\overline{)88}$

$8\overline{)32}$ $\quad$ $8\overline{)16}$ $\quad$ $8\overline{)0}$ $\quad$ $8\overline{)40}$ $\quad$ $8\overline{)24}$ $\quad$ $8\overline{)24}$ $\quad$ $8\overline{)80}$ $\quad$ $8\overline{)64}$ $\quad$ $8\overline{)24}$ $\quad$ $8\overline{)80}$

$8\overline{)72}$ $\quad$ $8\overline{)32}$ $\quad$ $8\overline{)24}$ $\quad$ $8\overline{)72}$ $\quad$ $8\overline{)48}$ $\quad$ $8\overline{)88}$ $\quad$ $8\overline{)96}$ $\quad$ $8\overline{)56}$ $\quad$ $8\overline{)48}$ $\quad$ $8\overline{)80}$

$8\overline{)72}$ $\quad$ $8\overline{)40}$ $\quad$ $8\overline{)16}$ $\quad$ $8\overline{)24}$ $\quad$ $8\overline{)56}$ $\quad$ $8\overline{)8}$ $\quad$ $8\overline{)88}$ $\quad$ $8\overline{)88}$ $\quad$ $8\overline{)0}$ $\quad$ $8\overline{)80}$

$8\overline{)0}$ $\quad$ $8\overline{)0}$ $\quad$ $8\overline{)40}$ $\quad$ $8\overline{)56}$ $\quad$ $8\overline{)32}$ $\quad$ $8\overline{)16}$ $\quad$ $8\overline{)16}$ $\quad$ $8\overline{)64}$ $\quad$ $8\overline{)56}$ $\quad$ $8\overline{)48}$

$8\overline{)16}$ $\quad$ $8\overline{)40}$ $\quad$ $8\overline{)0}$ $\quad$ $8\overline{)40}$ $\quad$ $8\overline{)48}$ $\quad$ $8\overline{)96}$ $\quad$ $8\overline{)80}$ $\quad$ $8\overline{)40}$ $\quad$ $8\overline{)8}$ $\quad$ $8\overline{)72}$

Dividing 8's

Name			Score		Time
			/ 100		:

$8\overline{)96}$ $\quad$ $8\overline{)8}$ $\quad$ $8\overline{)48}$ $\quad$ $8\overline{)72}$ $\quad$ $8\overline{)0}$ $\quad$ $8\overline{)16}$ $\quad$ $8\overline{)80}$ $\quad$ $8\overline{)32}$ $\quad$ $8\overline{)56}$ $\quad$ $8\overline{)64}$

$8\overline{)24}$ $\quad$ $8\overline{)88}$ $\quad$ $8\overline{)40}$ $\quad$ $8\overline{)56}$ $\quad$ $8\overline{)24}$ $\quad$ $8\overline{)80}$ $\quad$ $8\overline{)32}$ $\quad$ $8\overline{)16}$ $\quad$ $8\overline{)32}$ $\quad$ $8\overline{)8}$

$8\overline{)8}$ $\quad$ $8\overline{)64}$ $\quad$ $8\overline{)0}$ $\quad$ $8\overline{)24}$ $\quad$ $8\overline{)48}$ $\quad$ $8\overline{)80}$ $\quad$ $8\overline{)56}$ $\quad$ $8\overline{)40}$ $\quad$ $8\overline{)64}$ $\quad$ $8\overline{)40}$

$8\overline{)56}$ $\quad$ $8\overline{)56}$ $\quad$ $8\overline{)40}$ $\quad$ $8\overline{)40}$ $\quad$ $8\overline{)40}$ $\quad$ $8\overline{)48}$ $\quad$ $8\overline{)64}$ $\quad$ $8\overline{)40}$ $\quad$ $8\overline{)24}$ $\quad$ $8\overline{)40}$

$8\overline{)24}$ $\quad$ $8\overline{)80}$ $\quad$ $8\overline{)32}$ $\quad$ $8\overline{)16}$ $\quad$ $8\overline{)24}$ $\quad$ $8\overline{)56}$ $\quad$ $8\overline{)72}$ $\quad$ $8\overline{)88}$ $\quad$ $8\overline{)72}$ $\quad$ $8\overline{)72}$

$8\overline{)88}$ $\quad$ $8\overline{)40}$ $\quad$ $8\overline{)80}$ $\quad$ $8\overline{)96}$ $\quad$ $8\overline{)80}$ $\quad$ $8\overline{)56}$ $\quad$ $8\overline{)8}$ $\quad$ $8\overline{)24}$ $\quad$ $8\overline{)80}$ $\quad$ $8\overline{)40}$

$8\overline{)88}$ $\quad$ $8\overline{)8}$ $\quad$ $8\overline{)24}$ $\quad$ $8\overline{)88}$ $\quad$ $8\overline{)80}$ $\quad$ $8\overline{)80}$ $\quad$ $8\overline{)40}$ $\quad$ $8\overline{)40}$ $\quad$ $8\overline{)64}$ $\quad$ $8\overline{)56}$

$8\overline{)32}$ $\quad$ $8\overline{)48}$ $\quad$ $8\overline{)24}$ $\quad$ $8\overline{)16}$ $\quad$ $8\overline{)80}$ $\quad$ $8\overline{)48}$ $\quad$ $8\overline{)64}$ $\quad$ $8\overline{)40}$ $\quad$ $8\overline{)8}$ $\quad$ $8\overline{)24}$

$8\overline{)96}$ $\quad$ $8\overline{)16}$ $\quad$ $8\overline{)32}$ $\quad$ $8\overline{)72}$ $\quad$ $8\overline{)48}$ $\quad$ $8\overline{)40}$ $\quad$ $8\overline{)48}$ $\quad$ $8\overline{)24}$ $\quad$ $8\overline{)16}$ $\quad$ $8\overline{)32}$

$8\overline{)64}$ $\quad$ $8\overline{)80}$ $\quad$ $8\overline{)8}$ $\quad$ $8\overline{)8}$ $\quad$ $8\overline{)88}$ $\quad$ $8\overline{)16}$ $\quad$ $8\overline{)32}$ $\quad$ $8\overline{)88}$ $\quad$ $8\overline{)88}$ $\quad$ $8\overline{)48}$

Dividing 8's

Name

Score / 100

Time :

$8\overline{)80}$	$8\overline{)32}$	$8\overline{)48}$	$8\overline{)40}$	$8\overline{)8}$	$8\overline{)72}$	$8\overline{)88}$	$8\overline{)64}$	$8\overline{)24}$	$8\overline{)56}$
$8\overline{)16}$	$8\overline{)96}$	$8\overline{)56}$	$8\overline{)0}$	$8\overline{)96}$	$8\overline{)8}$	$8\overline{)64}$	$8\overline{)48}$	$8\overline{)32}$	$8\overline{)80}$
$8\overline{)80}$	$8\overline{)24}$	$8\overline{)48}$	$8\overline{)88}$	$8\overline{)64}$	$8\overline{)96}$	$8\overline{)64}$	$8\overline{)24}$	$8\overline{)40}$	$8\overline{)8}$
$8\overline{)80}$	$8\overline{)32}$	$8\overline{)8}$	$8\overline{)32}$	$8\overline{)32}$	$8\overline{)40}$	$8\overline{)40}$	$8\overline{)8}$	$8\overline{)80}$	$8\overline{)24}$
$8\overline{)16}$	$8\overline{)48}$	$8\overline{)72}$	$8\overline{)56}$	$8\overline{)96}$	$8\overline{)64}$	$8\overline{)32}$	$8\overline{)56}$	$8\overline{)56}$	$8\overline{)24}$
$8\overline{)56}$	$8\overline{)24}$	$8\overline{)64}$	$8\overline{)72}$	$8\overline{)48}$	$8\overline{)8}$	$8\overline{)8}$	$8\overline{)0}$	$8\overline{)32}$	$8\overline{)96}$
$8\overline{)80}$	$8\overline{)40}$	$8\overline{)32}$	$8\overline{)48}$	$8\overline{)80}$	$8\overline{)80}$	$8\overline{)80}$	$8\overline{)64}$	$8\overline{)80}$	$8\overline{)0}$
$8\overline{)8}$	$8\overline{)48}$	$8\overline{)64}$	$8\overline{)24}$	$8\overline{)40}$	$8\overline{)32}$	$8\overline{)72}$	$8\overline{)88}$	$8\overline{)48}$	$8\overline{)72}$
$8\overline{)80}$	$8\overline{)32}$	$8\overline{)72}$	$8\overline{)16}$	$8\overline{)8}$	$8\overline{)48}$	$8\overline{)64}$	$8\overline{)64}$	$8\overline{)48}$	$8\overline{)88}$
$8\overline{)24}$	$8\overline{)24}$	$8\overline{)64}$	$8\overline{)48}$	$8\overline{)8}$	$8\overline{)48}$	$8\overline{)88}$	$8\overline{)40}$	$8\overline{)96}$	$8\overline{)80}$

Dividing 8's

Name: _____ Score: / 100 Time: :

8)72	8)96	8)64	8)56	8)32	8)0	8)88	8)16	8)40	8)8
8)80	8)24	8)48	8)32	8)72	8)88	8)88	8)56	8)40	8)56
8)72	8)40	8)40	8)48	8)24	8)16	8)88	8)48	8)56	8)56
8)96	8)48	8)88	8)80	8)64	8)88	8)8	8)56	8)80	8)0
8)48	8)8	8)64	8)64	8)24	8)96	8)72	8)80	8)72	8)48
8)8	8)24	8)48	8)64	8)64	8)56	8)64	8)16	8)24	8)88
8)24	8)96	8)72	8)88	8)80	8)88	8)8	8)88	8)64	8)16
8)24	8)24	8)96	8)72	8)32	8)16	8)40	8)32	8)8	8)16
8)40	8)16	8)56	8)72	8)24	8)56	8)40	8)48	8)56	8)24
8)80	8)88	8)64	8)40	8)88	8)48	8)40	8)0	8)56	8)40

Dividing 9's

Name

Score / 100

Time :

9)54	9)72	9)99	9)27	9)90	9)9	9)45	9)18	9)63	9)81
9)108	9)36	9)0	9)27	9)18	9)18	9)108	9)45	9)54	9)18
9)54	9)54	9)0	9)9	9)27	9)27	9)0	9)90	9)9	9)18
9)81	9)36	9)81	9)36	9)27	9)90	9)45	9)36	9)27	9)0
9)18	9)54	9)18	9)27	9)18	9)27	9)9	9)0	9)90	9)27
9)99	9)63	9)9	9)54	9)99	9)99	9)72	9)90	9)72	9)72
9)63	9)90	9)18	9)9	9)90	9)45	9)81	9)36	9)99	9)63
9)18	9)54	9)27	9)9	9)99	9)27	9)0	9)18	9)36	9)27
9)81	9)36	9)9	9)99	9)9	9)81	9)63	9)36	9)45	9)54
9)18	9)81	9)36	9)90	9)54	9)54	9)108	9)9	9)45	9)63

Dividing 9's	Name	Score / 100	Time :

$9\overline{)18}$ $9\overline{)81}$ $9\overline{)90}$ $9\overline{)36}$ $9\overline{)45}$ $9\overline{)27}$ $9\overline{)63}$ $9\overline{)0}$ $9\overline{)9}$ $9\overline{)99}$

$9\overline{)54}$ $9\overline{)72}$ $9\overline{)108}$ $9\overline{)90}$ $9\overline{)36}$ $9\overline{)81}$ $9\overline{)63}$ $9\overline{)9}$ $9\overline{)45}$ $9\overline{)72}$

$9\overline{)36}$ $9\overline{)27}$ $9\overline{)45}$ $9\overline{)27}$ $9\overline{)63}$ $9\overline{)108}$ $9\overline{)81}$ $9\overline{)9}$ $9\overline{)9}$ $9\overline{)18}$

$9\overline{)90}$ $9\overline{)9}$ $9\overline{)18}$ $9\overline{)63}$ $9\overline{)45}$ $9\overline{)72}$ $9\overline{)90}$ $9\overline{)27}$ $9\overline{)54}$ $9\overline{)63}$

$9\overline{)27}$ $9\overline{)63}$ $9\overline{)99}$ $9\overline{)9}$ $9\overline{)108}$ $9\overline{)9}$ $9\overline{)27}$ $9\overline{)90}$ $9\overline{)99}$ $9\overline{)36}$

$9\overline{)54}$ $9\overline{)99}$ $9\overline{)9}$ $9\overline{)72}$ $9\overline{)9}$ $9\overline{)54}$ $9\overline{)72}$ $9\overline{)18}$ $9\overline{)36}$ $9\overline{)63}$

$9\overline{)54}$ $9\overline{)90}$ $9\overline{)9}$ $9\overline{)81}$ $9\overline{)54}$ $9\overline{)72}$ $9\overline{)27}$ $9\overline{)54}$ $9\overline{)18}$ $9\overline{)27}$

$9\overline{)99}$ $9\overline{)81}$ $9\overline{)54}$ $9\overline{)99}$ $9\overline{)81}$ $9\overline{)54}$ $9\overline{)99}$ $9\overline{)54}$ $9\overline{)99}$ $9\overline{)0}$

$9\overline{)9}$ $9\overline{)90}$ $9\overline{)36}$ $9\overline{)54}$ $9\overline{)18}$ $9\overline{)18}$ $9\overline{)18}$ $9\overline{)99}$ $9\overline{)99}$ $9\overline{)90}$

$9\overline{)27}$ $9\overline{)90}$ $9\overline{)72}$ $9\overline{)81}$ $9\overline{)9}$ $9\overline{)63}$ $9\overline{)27}$ $9\overline{)27}$ $9\overline{)90}$ $9\overline{)9}$

			Name		Score		Time	
Dividing 9's					/ 100		:	

$9\overline{)99}$ $9\overline{)108}$ $9\overline{)54}$ $9\overline{)0}$ $9\overline{)45}$ $9\overline{)72}$ $9\overline{)9}$ $9\overline{)36}$ $9\overline{)18}$ $9\overline{)90}$

$9\overline{)27}$ $9\overline{)81}$ $9\overline{)63}$ $9\overline{)27}$ $9\overline{)63}$ $9\overline{)18}$ $9\overline{)63}$ $9\overline{)54}$ $9\overline{)45}$ $9\overline{)18}$

$9\overline{)81}$ $9\overline{)9}$ $9\overline{)18}$ $9\overline{)81}$ $9\overline{)9}$ $9\overline{)27}$ $9\overline{)18}$ $9\overline{)72}$ $9\overline{)54}$ $9\overline{)18}$

$9\overline{)27}$ $9\overline{)27}$ $9\overline{)36}$ $9\overline{)36}$ $9\overline{)108}$ $9\overline{)54}$ $9\overline{)36}$ $9\overline{)90}$ $9\overline{)81}$ $9\overline{)27}$

$9\overline{)45}$ $9\overline{)36}$ $9\overline{)36}$ $9\overline{)99}$ $9\overline{)63}$ $9\overline{)0}$ $9\overline{)54}$ $9\overline{)81}$ $9\overline{)54}$ $9\overline{)45}$

$9\overline{)81}$ $9\overline{)99}$ $9\overline{)72}$ $9\overline{)18}$ $9\overline{)36}$ $9\overline{)27}$ $9\overline{)9}$ $9\overline{)0}$ $9\overline{)27}$ $9\overline{)99}$

$9\overline{)9}$ $9\overline{)63}$ $9\overline{)18}$ $9\overline{)27}$ $9\overline{)18}$ $9\overline{)81}$ $9\overline{)0}$ $9\overline{)36}$ $9\overline{)72}$ $9\overline{)90}$

$9\overline{)63}$ $9\overline{)90}$ $9\overline{)63}$ $9\overline{)72}$ $9\overline{)99}$ $9\overline{)18}$ $9\overline{)72}$ $9\overline{)27}$ $9\overline{)99}$ $9\overline{)54}$

$9\overline{)63}$ $9\overline{)0}$ $9\overline{)90}$ $9\overline{)63}$ $9\overline{)36}$ $9\overline{)0}$ $9\overline{)9}$ $9\overline{)45}$ $9\overline{)9}$ $9\overline{)63}$

$9\overline{)63}$ $9\overline{)36}$ $9\overline{)36}$ $9\overline{)27}$ $9\overline{)27}$ $9\overline{)18}$ $9\overline{)18}$ $9\overline{)9}$ $9\overline{)72}$ $9\overline{)36}$

Dividing 9's

Name _____ **Score** ___/ 100 **Time** __:__

$9\overline{)72}$ $9\overline{)27}$ $9\overline{)45}$ $9\overline{)81}$ $9\overline{)36}$ $9\overline{)9}$ $9\overline{)90}$ $9\overline{)54}$ $9\overline{)18}$ $9\overline{)63}$

$9\overline{)108}$ $9\overline{)99}$ $9\overline{)0}$ $9\overline{)90}$ $9\overline{)27}$ $9\overline{)18}$ $9\overline{)54}$ $9\overline{)54}$ $9\overline{)63}$ $9\overline{)18}$

$9\overline{)18}$ $9\overline{)27}$ $9\overline{)90}$ $9\overline{)108}$ $9\overline{)54}$ $9\overline{)54}$ $9\overline{)90}$ $9\overline{)36}$ $9\overline{)18}$ $9\overline{)72}$

$9\overline{)63}$ $9\overline{)45}$ $9\overline{)54}$ $9\overline{)90}$ $9\overline{)54}$ $9\overline{)36}$ $9\overline{)18}$ $9\overline{)9}$ $9\overline{)90}$ $9\overline{)90}$

$9\overline{)18}$ $9\overline{)54}$ $9\overline{)27}$ $9\overline{)27}$ $9\overline{)27}$ $9\overline{)27}$ $9\overline{)72}$ $9\overline{)54}$ $9\overline{)0}$ $9\overline{)27}$

$9\overline{)45}$ $9\overline{)63}$ $9\overline{)81}$ $9\overline{)27}$ $9\overline{)54}$ $9\overline{)81}$ $9\overline{)18}$ $9\overline{)45}$ $9\overline{)72}$ $9\overline{)108}$

$9\overline{)27}$ $9\overline{)27}$ $9\overline{)27}$ $9\overline{)27}$ $9\overline{)27}$ $9\overline{)18}$ $9\overline{)9}$ $9\overline{)72}$ $9\overline{)63}$ $9\overline{)18}$

$9\overline{)54}$ $9\overline{)0}$ $9\overline{)108}$ $9\overline{)63}$ $9\overline{)81}$ $9\overline{)45}$ $9\overline{)45}$ $9\overline{)72}$ $9\overline{)81}$ $9\overline{)27}$

$9\overline{)54}$ $9\overline{)9}$ $9\overline{)72}$ $9\overline{)54}$ $9\overline{)0}$ $9\overline{)45}$ $9\overline{)72}$ $9\overline{)63}$ $9\overline{)36}$ $9\overline{)54}$

$9\overline{)45}$ $9\overline{)90}$ $9\overline{)81}$ $9\overline{)45}$ $9\overline{)81}$ $9\overline{)45}$ $9\overline{)18}$ $9\overline{)45}$ $9\overline{)81}$ $9\overline{)72}$

Dividing 9's

Name

Score   / 100

Time   :

$9\overline{)18}$	$9\overline{)9}$	$9\overline{)54}$	$9\overline{)36}$	$9\overline{)27}$	$9\overline{)45}$	$9\overline{)90}$	$9\overline{)63}$	$9\overline{)81}$	$9\overline{)0}$
$9\overline{)72}$	$9\overline{)99}$	$9\overline{)108}$	$9\overline{)54}$	$9\overline{)72}$	$9\overline{)54}$	$9\overline{)54}$	$9\overline{)63}$	$9\overline{)63}$	$9\overline{)9}$
$9\overline{)9}$	$9\overline{)18}$	$9\overline{)45}$	$9\overline{)72}$	$9\overline{)0}$	$9\overline{)108}$	$9\overline{)9}$	$9\overline{)54}$	$9\overline{)90}$	$9\overline{)0}$
$9\overline{)0}$	$9\overline{)72}$	$9\overline{)108}$	$9\overline{)36}$	$9\overline{)36}$	$9\overline{)54}$	$9\overline{)45}$	$9\overline{)9}$	$9\overline{)108}$	$9\overline{)9}$
$9\overline{)81}$	$9\overline{)63}$	$9\overline{)36}$	$9\overline{)0}$	$9\overline{)0}$	$9\overline{)90}$	$9\overline{)63}$	$9\overline{)54}$	$9\overline{)27}$	$9\overline{)27}$
$9\overline{)45}$	$9\overline{)0}$	$9\overline{)45}$	$9\overline{)81}$	$9\overline{)99}$	$9\overline{)36}$	$9\overline{)0}$	$9\overline{)99}$	$9\overline{)72}$	$9\overline{)54}$
$9\overline{)54}$	$9\overline{)36}$	$9\overline{)54}$	$9\overline{)81}$	$9\overline{)18}$	$9\overline{)45}$	$9\overline{)27}$	$9\overline{)54}$	$9\overline{)45}$	$9\overline{)63}$
$9\overline{)90}$	$9\overline{)72}$	$9\overline{)54}$	$9\overline{)18}$	$9\overline{)63}$	$9\overline{)90}$	$9\overline{)36}$	$9\overline{)63}$	$9\overline{)72}$	$9\overline{)27}$
$9\overline{)18}$	$9\overline{)27}$	$9\overline{)36}$	$9\overline{)99}$	$9\overline{)99}$	$9\overline{)63}$	$9\overline{)45}$	$9\overline{)18}$	$9\overline{)45}$	$9\overline{)45}$
$9\overline{)9}$	$9\overline{)90}$	$9\overline{)72}$	$9\overline{)90}$	$9\overline{)81}$	$9\overline{)108}$	$9\overline{)54}$	$9\overline{)99}$	$9\overline{)27}$	$9\overline{)18}$

Dividing 9's

Name

Score / 100

Time :

9)0	9)63	9)36	9)90	9)27	9)18	9)72	9)9	9)45	9)99
9)54	9)81	9)108	9)54	9)90	9)27	9)18	9)90	9)54	9)99
9)99	9)0	9)18	9)108	9)9	9)72	9)90	9)27	9)99	9)9
9)18	9)81	9)72	9)18	9)63	9)54	9)27	9)36	9)81	9)72
9)63	9)27	9)99	9)9	9)99	9)72	9)36	9)36	9)45	9)9
9)81	9)81	9)36	9)9	9)36	9)63	9)9	9)18	9)81	9)27
9)72	9)90	9)81	9)90	9)18	9)108	9)90	9)18	9)54	9)36
9)36	9)81	9)72	9)99	9)54	9)18	9)108	9)63	9)81	9)9
9)9	9)18	9)9	9)99	9)36	9)81	9)72	9)0	9)54	9)72
9)9	9)27	9)18	9)72	9)36	9)108	9)9	9)81	9)18	9)90

Dividing 10's

Name

Score / 100

Time :

$10\overline{)80}$ $10\overline{)30}$ $10\overline{)100}$ $10\overline{)70}$ $10\overline{)10}$ $10\overline{)60}$ $10\overline{)50}$ $10\overline{)0}$ $10\overline{)90}$ $10\overline{)20}$

$10\overline{)110}$ $10\overline{)120}$ $10\overline{)40}$ $10\overline{)40}$ $10\overline{)90}$ $10\overline{)30}$ $10\overline{)30}$ $10\overline{)70}$ $10\overline{)20}$ $10\overline{)80}$

$10\overline{)80}$ $10\overline{)120}$ $10\overline{)90}$ $10\overline{)50}$ $10\overline{)50}$ $10\overline{)10}$ $10\overline{)100}$ $10\overline{)30}$ $10\overline{)110}$ $10\overline{)80}$

$10\overline{)100}$ $10\overline{)90}$ $10\overline{)110}$ $10\overline{)0}$ $10\overline{)10}$ $10\overline{)110}$ $10\overline{)70}$ $10\overline{)0}$ $10\overline{)70}$ $10\overline{)10}$

$10\overline{)80}$ $10\overline{)20}$ $10\overline{)40}$ $10\overline{)50}$ $10\overline{)50}$ $10\overline{)40}$ $10\overline{)40}$ $10\overline{)50}$ $10\overline{)50}$ $10\overline{)100}$

$10\overline{)50}$ $10\overline{)110}$ $10\overline{)60}$ $10\overline{)60}$ $10\overline{)100}$ $10\overline{)110}$ $10\overline{)40}$ $10\overline{)110}$ $10\overline{)70}$ $10\overline{)10}$

$10\overline{)40}$ $10\overline{)70}$ $10\overline{)110}$ $10\overline{)30}$ $10\overline{)10}$ $10\overline{)110}$ $10\overline{)60}$ $10\overline{)110}$ $10\overline{)50}$ $10\overline{)20}$

$10\overline{)50}$ $10\overline{)40}$ $10\overline{)80}$ $10\overline{)50}$ $10\overline{)50}$ $10\overline{)40}$ $10\overline{)30}$ $10\overline{)90}$ $10\overline{)60}$ $10\overline{)60}$

$10\overline{)50}$ $10\overline{)110}$ $10\overline{)10}$ $10\overline{)110}$ $10\overline{)50}$ $10\overline{)40}$ $10\overline{)40}$ $10\overline{)30}$ $10\overline{)100}$ $10\overline{)90}$

$10\overline{)10}$ $10\overline{)30}$ $10\overline{)50}$ $10\overline{)70}$ $10\overline{)80}$ $10\overline{)50}$ $10\overline{)80}$ $10\overline{)100}$ $10\overline{)110}$ $10\overline{)80}$

Dividing 10's

Name _____ Score ___ / 100 Time ___ : ___

$10\overline{)80}$ $10\overline{)110}$ $10\overline{)90}$ $10\overline{)50}$ $10\overline{)10}$ $10\overline{)20}$ $10\overline{)30}$ $10\overline{)60}$ $10\overline{)0}$ $10\overline{)40}$

$10\overline{)70}$ $10\overline{)100}$ $10\overline{)120}$ $10\overline{)10}$ $10\overline{)100}$ $10\overline{)50}$ $10\overline{)30}$ $10\overline{)30}$ $10\overline{)90}$ $10\overline{)30}$

$10\overline{)30}$ $10\overline{)50}$ $10\overline{)80}$ $10\overline{)120}$ $10\overline{)90}$ $10\overline{)80}$ $10\overline{)80}$ $10\overline{)20}$ $10\overline{)30}$ $10\overline{)80}$

$10\overline{)110}$ $10\overline{)60}$ $10\overline{)10}$ $10\overline{)30}$ $10\overline{)10}$ $10\overline{)40}$ $10\overline{)70}$ $10\overline{)70}$ $10\overline{)80}$ $10\overline{)40}$

$10\overline{)100}$ $10\overline{)100}$ $10\overline{)110}$ $10\overline{)90}$ $10\overline{)70}$ $10\overline{)100}$ $10\overline{)20}$ $10\overline{)0}$ $10\overline{)10}$ $10\overline{)0}$

$10\overline{)30}$ $10\overline{)110}$ $10\overline{)70}$ $10\overline{)110}$ $10\overline{)90}$ $10\overline{)10}$ $10\overline{)60}$ $10\overline{)50}$ $10\overline{)0}$ $10\overline{)70}$

$10\overline{)50}$ $10\overline{)100}$ $10\overline{)60}$ $10\overline{)10}$ $10\overline{)30}$ $10\overline{)40}$ $10\overline{)100}$ $10\overline{)110}$ $10\overline{)20}$ $10\overline{)20}$

$10\overline{)80}$ $10\overline{)110}$ $10\overline{)30}$ $10\overline{)40}$ $10\overline{)90}$ $10\overline{)40}$ $10\overline{)50}$ $10\overline{)30}$ $10\overline{)10}$ $10\overline{)70}$

$10\overline{)40}$ $10\overline{)100}$ $10\overline{)40}$ $10\overline{)30}$ $10\overline{)70}$ $10\overline{)110}$ $10\overline{)110}$ $10\overline{)70}$ $10\overline{)30}$ $10\overline{)110}$

$10\overline{)50}$ $10\overline{)60}$ $10\overline{)100}$ $10\overline{)120}$ $10\overline{)100}$ $10\overline{)100}$ $10\overline{)60}$ $10\overline{)50}$ $10\overline{)30}$ $10\overline{)40}$

	Name	Score	Time
Dividing 10's		/ 100	:

$10\overline{)60}$ $10\overline{)90}$ $10\overline{)20}$ $10\overline{)0}$ $10\overline{)40}$ $10\overline{)30}$ $10\overline{)110}$ $10\overline{)80}$ $10\overline{)120}$ $10\overline{)10}$

$10\overline{)50}$ $10\overline{)100}$ $10\overline{)70}$ $10\overline{)60}$ $10\overline{)50}$ $10\overline{)10}$ $10\overline{)90}$ $10\overline{)70}$ $10\overline{)80}$ $10\overline{)80}$

$10\overline{)100}$ $10\overline{)100}$ $10\overline{)10}$ $10\overline{)20}$ $10\overline{)80}$ $10\overline{)50}$ $10\overline{)60}$ $10\overline{)80}$ $10\overline{)50}$ $10\overline{)60}$

$10\overline{)100}$ $10\overline{)110}$ $10\overline{)60}$ $10\overline{)30}$ $10\overline{)100}$ $10\overline{)80}$ $10\overline{)100}$ $10\overline{)110}$ $10\overline{)20}$ $10\overline{)60}$

$10\overline{)90}$ $10\overline{)20}$ $10\overline{)20}$ $10\overline{)110}$ $10\overline{)70}$ $10\overline{)50}$ $10\overline{)50}$ $10\overline{)80}$ $10\overline{)70}$ $10\overline{)70}$

$10\overline{)0}$ $10\overline{)10}$ $10\overline{)60}$ $10\overline{)100}$ $10\overline{)10}$ $10\overline{)40}$ $10\overline{)40}$ $10\overline{)40}$ $10\overline{)30}$ $10\overline{)10}$

$10\overline{)40}$ $10\overline{)80}$ $10\overline{)60}$ $10\overline{)20}$ $10\overline{)50}$ $10\overline{)60}$ $10\overline{)70}$ $10\overline{)110}$ $10\overline{)40}$ $10\overline{)120}$

$10\overline{)30}$ $10\overline{)60}$ $10\overline{)60}$ $10\overline{)100}$ $10\overline{)40}$ $10\overline{)90}$ $10\overline{)110}$ $10\overline{)10}$ $10\overline{)80}$ $10\overline{)120}$

$10\overline{)30}$ $10\overline{)110}$ $10\overline{)50}$ $10\overline{)10}$ $10\overline{)10}$ $10\overline{)90}$ $10\overline{)50}$ $10\overline{)120}$ $10\overline{)90}$ $10\overline{)80}$

$10\overline{)80}$ $10\overline{)50}$ $10\overline{)90}$ $10\overline{)60}$ $10\overline{)100}$ $10\overline{)20}$ $10\overline{)100}$ $10\overline{)10}$ $10\overline{)40}$ $10\overline{)90}$

Dividing 11's

Name

Score / 100

Time :

$11\overline{)33}$ $11\overline{)11}$ $11\overline{)121}$ $11\overline{)77}$ $11\overline{)88}$ $11\overline{)110}$ $11\overline{)44}$ $11\overline{)132}$ $11\overline{)154}$ $11\overline{)66}$

$11\overline{)143}$ $11\overline{)55}$ $11\overline{)165}$ $11\overline{)0}$ $11\overline{)22}$ $11\overline{)99}$ $11\overline{)44}$ $11\overline{)99}$ $11\overline{)0}$ $11\overline{)11}$

$11\overline{)33}$ $11\overline{)22}$ $11\overline{)22}$ $11\overline{)121}$ $11\overline{)154}$ $11\overline{)154}$ $11\overline{)110}$ $11\overline{)66}$ $11\overline{)99}$ $11\overline{)77}$

$11\overline{)44}$ $11\overline{)33}$ $11\overline{)44}$ $11\overline{)11}$ $11\overline{)11}$ $11\overline{)77}$ $11\overline{)0}$ $11\overline{)110}$ $11\overline{)22}$ $11\overline{)132}$

$11\overline{)143}$ $11\overline{)44}$ $11\overline{)143}$ $11\overline{)66}$ $11\overline{)132}$ $11\overline{)44}$ $11\overline{)22}$ $11\overline{)33}$ $11\overline{)165}$ $11\overline{)66}$

$11\overline{)33}$ $11\overline{)154}$ $11\overline{)66}$ $11\overline{)110}$ $11\overline{)11}$ $11\overline{)132}$ $11\overline{)88}$ $11\overline{)55}$ $11\overline{)121}$ $11\overline{)11}$

$11\overline{)88}$ $11\overline{)77}$ $11\overline{)55}$ $11\overline{)11}$ $11\overline{)77}$ $11\overline{)99}$ $11\overline{)33}$ $11\overline{)99}$ $11\overline{)143}$ $11\overline{)55}$

$11\overline{)143}$ $11\overline{)165}$ $11\overline{)33}$ $11\overline{)132}$ $11\overline{)55}$ $11\overline{)0}$ $11\overline{)0}$ $11\overline{)132}$ $11\overline{)88}$ $11\overline{)0}$

$11\overline{)66}$ $11\overline{)143}$ $11\overline{)121}$ $11\overline{)77}$ $11\overline{)0}$ $11\overline{)22}$ $11\overline{)22}$ $11\overline{)121}$ $11\overline{)88}$ $11\overline{)88}$

$11\overline{)132}$ $11\overline{)99}$ $11\overline{)88}$ $11\overline{)66}$ $11\overline{)143}$ $11\overline{)110}$ $11\overline{)121}$ $11\overline{)22}$ $11\overline{)154}$ $11\overline{)143}$

Dividing 11's

Name

Score /100

Time :

$11\overline{)11}$ $11\overline{)77}$ $11\overline{)154}$ $11\overline{)165}$ $11\overline{)33}$ $11\overline{)66}$ $11\overline{)44}$ $11\overline{)22}$ $11\overline{)121}$ $11\overline{)110}$

$11\overline{)99}$ $11\overline{)132}$ $11\overline{)88}$ $11\overline{)55}$ $11\overline{)0}$ $11\overline{)143}$ $11\overline{)33}$ $11\overline{)44}$ $11\overline{)0}$ $11\overline{)99}$

$11\overline{)77}$ $11\overline{)44}$ $11\overline{)121}$ $11\overline{)121}$ $11\overline{)55}$ $11\overline{)154}$ $11\overline{)33}$ $11\overline{)33}$ $11\overline{)121}$ $11\overline{)143}$

$11\overline{)11}$ $11\overline{)99}$ $11\overline{)154}$ $11\overline{)44}$ $11\overline{)88}$ $11\overline{)132}$ $11\overline{)66}$ $11\overline{)11}$ $11\overline{)77}$ $11\overline{)143}$

$11\overline{)88}$ $11\overline{)165}$ $11\overline{)88}$ $11\overline{)99}$ $11\overline{)110}$ $11\overline{)132}$ $11\overline{)33}$ $11\overline{)55}$ $11\overline{)77}$ $11\overline{)77}$

$11\overline{)11}$ $11\overline{)132}$ $11\overline{)0}$ $11\overline{)132}$ $11\overline{)0}$ $11\overline{)77}$ $11\overline{)22}$ $11\overline{)88}$ $11\overline{)55}$ $11\overline{)11}$

$11\overline{)11}$ $11\overline{)44}$ $11\overline{)55}$ $11\overline{)22}$ $11\overline{)99}$ $11\overline{)33}$ $11\overline{)88}$ $11\overline{)11}$ $11\overline{)22}$ $11\overline{)33}$

$11\overline{)11}$ $11\overline{)22}$ $11\overline{)66}$ $11\overline{)66}$ $11\overline{)143}$ $11\overline{)11}$ $11\overline{)132}$ $11\overline{)99}$ $11\overline{)22}$ $11\overline{)132}$

$11\overline{)110}$ $11\overline{)55}$ $11\overline{)165}$ $11\overline{)110}$ $11\overline{)143}$ $11\overline{)143}$ $11\overline{)11}$ $11\overline{)88}$ $11\overline{)44}$ $11\overline{)88}$

$11\overline{)88}$ $11\overline{)55}$ $11\overline{)0}$ $11\overline{)22}$ $11\overline{)110}$ $11\overline{)0}$ $11\overline{)154}$ $11\overline{)77}$ $11\overline{)33}$ $11\overline{)143}$

Dividing 11's

Name

Score / 100

Time :

11)33	11)55	11)11	11)22	11)88	11)0	11)132	11)154	11)121	11)77
11)66	11)165	11)44	11)143	11)110	11)99	11)33	11)99	11)143	11)99
11)121	11)77	11)22	11)132	11)0	11)33	11)121	11)99	11)0	11)22
11)154	11)154	11)143	11)11	11)44	11)143	11)132	11)44	11)11	11)44
11)66	11)11	11)165	11)143	11)66	11)77	11)154	11)165	11)165	11)11
11)55	11)99	11)99	11)11	11)77	11)66	11)11	11)44	11)121	11)143
11)154	11)44	11)121	11)33	11)99	11)154	11)22	11)55	11)33	11)154
11)99	11)88	11)55	11)77	11)66	11)33	11)77	11)121	11)132	11)121
11)22	11)154	11)88	11)121	11)110	11)154	11)55	11)154	11)77	11)22
11)88	11)132	11)0	11)11	11)0	11)154	11)132	11)44	11)143	11)55

Dividing 12's

Name

Score / 100

Time :

$12\overline{)168}$ $12\overline{)72}$ $12\overline{)156}$ $12\overline{)120}$ $12\overline{)96}$ $12\overline{)132}$ $12\overline{)60}$ $12\overline{)12}$ $12\overline{)84}$ $12\overline{)0}$

$12\overline{)24}$ $12\overline{)144}$ $12\overline{)48}$ $12\overline{)36}$ $12\overline{)180}$ $12\overline{)108}$ $12\overline{)156}$ $12\overline{)36}$ $12\overline{)156}$ $12\overline{)144}$

$12\overline{)132}$ $12\overline{)168}$ $12\overline{)48}$ $12\overline{)48}$ $12\overline{)168}$ $12\overline{)72}$ $12\overline{)156}$ $12\overline{)120}$ $12\overline{)132}$ $12\overline{)156}$

$12\overline{)180}$ $12\overline{)120}$ $12\overline{)168}$ $12\overline{)144}$ $12\overline{)48}$ $12\overline{)24}$ $12\overline{)108}$ $12\overline{)0}$ $12\overline{)0}$ $12\overline{)132}$

$12\overline{)120}$ $12\overline{)156}$ $12\overline{)120}$ $12\overline{)12}$ $12\overline{)132}$ $12\overline{)144}$ $12\overline{)60}$ $12\overline{)60}$ $12\overline{)48}$ $12\overline{)12}$

$12\overline{)120}$ $12\overline{)168}$ $12\overline{)144}$ $12\overline{)132}$ $12\overline{)108}$ $12\overline{)156}$ $12\overline{)36}$ $12\overline{)48}$ $12\overline{)168}$ $12\overline{)168}$

$12\overline{)12}$ $12\overline{)60}$ $12\overline{)132}$ $12\overline{)132}$ $12\overline{)60}$ $12\overline{)132}$ $12\overline{)48}$ $12\overline{)24}$ $12\overline{)12}$ $12\overline{)24}$

$12\overline{)36}$ $12\overline{)144}$ $12\overline{)108}$ $12\overline{)144}$ $12\overline{)144}$ $12\overline{)168}$ $12\overline{)168}$ $12\overline{)156}$ $12\overline{)132}$ $12\overline{)24}$

$12\overline{)48}$ $12\overline{)168}$ $12\overline{)84}$ $12\overline{)156}$ $12\overline{)156}$ $12\overline{)168}$ $12\overline{)48}$ $12\overline{)156}$ $12\overline{)168}$ $12\overline{)132}$

$12\overline{)12}$ $12\overline{)96}$ $12\overline{)84}$ $12\overline{)180}$ $12\overline{)144}$ $12\overline{)36}$ $12\overline{)96}$ $12\overline{)168}$ $12\overline{)144}$ $12\overline{)168}$

Dividing 12's

Name

Score / 100

Time :

$12\overline{)36}$ $12\overline{)72}$ $12\overline{)60}$ $12\overline{)0}$ $12\overline{)96}$ $12\overline{)24}$ $12\overline{)132}$ $12\overline{)156}$ $12\overline{)168}$ $12\overline{)180}$

$12\overline{)12}$ $12\overline{)120}$ $12\overline{)84}$ $12\overline{)108}$ $12\overline{)144}$ $12\overline{)48}$ $12\overline{)144}$ $12\overline{)156}$ $12\overline{)132}$ $12\overline{)132}$

$12\overline{)48}$ $12\overline{)132}$ $12\overline{)168}$ $12\overline{)156}$ $12\overline{)72}$ $12\overline{)36}$ $12\overline{)60}$ $12\overline{)132}$ $12\overline{)144}$ $12\overline{)36}$

$12\overline{)36}$ $12\overline{)168}$ $12\overline{)0}$ $12\overline{)144}$ $12\overline{)156}$ $12\overline{)156}$ $12\overline{)24}$ $12\overline{)48}$ $12\overline{)180}$ $12\overline{)60}$

$12\overline{)60}$ $12\overline{)168}$ $12\overline{)12}$ $12\overline{)36}$ $12\overline{)144}$ $12\overline{)96}$ $12\overline{)96}$ $12\overline{)72}$ $12\overline{)132}$ $12\overline{)180}$

$12\overline{)144}$ $12\overline{)168}$ $12\overline{)156}$ $12\overline{)84}$ $12\overline{)36}$ $12\overline{)36}$ $12\overline{)144}$ $12\overline{)60}$ $12\overline{)132}$ $12\overline{)60}$

$12\overline{)156}$ $12\overline{)120}$ $12\overline{)168}$ $12\overline{)60}$ $12\overline{)168}$ $12\overline{)72}$ $12\overline{)156}$ $12\overline{)36}$ $12\overline{)48}$ $12\overline{)24}$

$12\overline{)144}$ $12\overline{)24}$ $12\overline{)156}$ $12\overline{)132}$ $12\overline{)180}$ $12\overline{)132}$ $12\overline{)132}$ $12\overline{)156}$ $12\overline{)60}$ $12\overline{)48}$

$12\overline{)36}$ $12\overline{)156}$ $12\overline{)132}$ $12\overline{)96}$ $12\overline{)84}$ $12\overline{)120}$ $12\overline{)132}$ $12\overline{)36}$ $12\overline{)120}$ $12\overline{)60}$

$12\overline{)180}$ $12\overline{)24}$ $12\overline{)156}$ $12\overline{)12}$ $12\overline{)24}$ $12\overline{)84}$ $12\overline{)96}$ $12\overline{)24}$ $12\overline{)72}$ $12\overline{)132}$

Dividing 12's

Name

Score / 100

Time :

$12\overline{)132}$ $12\overline{)144}$ $12\overline{)48}$ $12\overline{)0}$ $12\overline{)96}$ $12\overline{)180}$ $12\overline{)156}$ $12\overline{)36}$ $12\overline{)108}$ $12\overline{)24}$

$12\overline{)168}$ $12\overline{)12}$ $12\overline{)84}$ $12\overline{)72}$ $12\overline{)120}$ $12\overline{)60}$ $12\overline{)36}$ $12\overline{)132}$ $12\overline{)96}$ $12\overline{)0}$

$12\overline{)36}$ $12\overline{)24}$ $12\overline{)144}$ $12\overline{)84}$ $12\overline{)0}$ $12\overline{)96}$ $12\overline{)60}$ $12\overline{)48}$ $12\overline{)168}$ $12\overline{)144}$

$12\overline{)168}$ $12\overline{)156}$ $12\overline{)132}$ $12\overline{)132}$ $12\overline{)156}$ $12\overline{)48}$ $12\overline{)168}$ $12\overline{)48}$ $12\overline{)144}$ $12\overline{)48}$

$12\overline{)144}$ $12\overline{)144}$ $12\overline{)36}$ $12\overline{)36}$ $12\overline{)144}$ $12\overline{)120}$ $12\overline{)180}$ $12\overline{)36}$ $12\overline{)132}$ $12\overline{)132}$

$12\overline{)168}$ $12\overline{)48}$ $12\overline{)132}$ $12\overline{)144}$ $12\overline{)168}$ $12\overline{)156}$ $12\overline{)84}$ $12\overline{)48}$ $12\overline{)144}$ $12\overline{)84}$

$12\overline{)120}$ $12\overline{)156}$ $12\overline{)132}$ $12\overline{)84}$ $12\overline{)120}$ $12\overline{)24}$ $12\overline{)108}$ $12\overline{)144}$ $12\overline{)84}$ $12\overline{)180}$

$12\overline{)156}$ $12\overline{)144}$ $12\overline{)132}$ $12\overline{)156}$ $12\overline{)24}$ $12\overline{)24}$ $12\overline{)180}$ $12\overline{)144}$ $12\overline{)156}$ $12\overline{)180}$

$12\overline{)96}$ $12\overline{)60}$ $12\overline{)144}$ $12\overline{)120}$ $12\overline{)60}$ $12\overline{)36}$ $12\overline{)180}$ $12\overline{)132}$ $12\overline{)132}$ $12\overline{)84}$

$12\overline{)132}$ $12\overline{)168}$ $12\overline{)132}$ $12\overline{)24}$ $12\overline{)132}$ $12\overline{)60}$ $12\overline{)180}$ $12\overline{)144}$ $12\overline{)132}$ $12\overline{)120}$

Dividing 12's

Name

Score   / 100

Time   :

$12\overline{)132}$ $12\overline{)60}$ $12\overline{)36}$ $12\overline{)84}$ $12\overline{)156}$ $12\overline{)24}$ $12\overline{)72}$ $12\overline{)144}$ $12\overline{)180}$ $12\overline{)120}$

$12\overline{)0}$ $12\overline{)96}$ $12\overline{)168}$ $12\overline{)108}$ $12\overline{)48}$ $12\overline{)12}$ $12\overline{)24}$ $12\overline{)144}$ $12\overline{)132}$ $12\overline{)60}$

$12\overline{)144}$ $12\overline{)36}$ $12\overline{)72}$ $12\overline{)132}$ $12\overline{)24}$ $12\overline{)96}$ $12\overline{)156}$ $12\overline{)156}$ $12\overline{)168}$ $12\overline{)156}$

$12\overline{)96}$ $12\overline{)156}$ $12\overline{)156}$ $12\overline{)180}$ $12\overline{)144}$ $12\overline{)144}$ $12\overline{)24}$ $12\overline{)180}$ $12\overline{)96}$ $12\overline{)168}$

$12\overline{)84}$ $12\overline{)120}$ $12\overline{)12}$ $12\overline{)168}$ $12\overline{)180}$ $12\overline{)168}$ $12\overline{)12}$ $12\overline{)120}$ $12\overline{)96}$ $12\overline{)36}$

$12\overline{)144}$ $12\overline{)168}$ $12\overline{)132}$ $12\overline{)180}$ $12\overline{)72}$ $12\overline{)12}$ $12\overline{)12}$ $12\overline{)120}$ $12\overline{)156}$ $12\overline{)156}$

$12\overline{)132}$ $12\overline{)132}$ $12\overline{)144}$ $12\overline{)96}$ $12\overline{)156}$ $12\overline{)24}$ $12\overline{)120}$ $12\overline{)0}$ $12\overline{)96}$ $12\overline{)12}$

$12\overline{)72}$ $12\overline{)144}$ $12\overline{)168}$ $12\overline{)168}$ $12\overline{)12}$ $12\overline{)12}$ $12\overline{)168}$ $12\overline{)72}$ $12\overline{)36}$ $12\overline{)168}$

$12\overline{)120}$ $12\overline{)12}$ $12\overline{)132}$ $12\overline{)48}$ $12\overline{)72}$ $12\overline{)96}$ $12\overline{)144}$ $12\overline{)120}$ $12\overline{)12}$ $12\overline{)132}$

$12\overline{)48}$ $12\overline{)156}$ $12\overline{)156}$ $12\overline{)156}$ $12\overline{)144}$ $12\overline{)60}$ $12\overline{)144}$ $12\overline{)24}$ $12\overline{)156}$ $12\overline{)84}$

Dividing 12's

$12\overline{)60}$　$12\overline{)96}$　$12\overline{)168}$　$12\overline{)144}$　$12\overline{)36}$　$12\overline{)24}$　$12\overline{)84}$　$12\overline{)120}$　$12\overline{)48}$　$12\overline{)132}$

$12\overline{)108}$　$12\overline{)12}$　$12\overline{)156}$　$12\overline{)72}$　$12\overline{)0}$　$12\overline{)180}$　$12\overline{)24}$　$12\overline{)168}$　$12\overline{)0}$　$12\overline{)156}$

$12\overline{)156}$　$12\overline{)48}$　$12\overline{)180}$　$12\overline{)0}$　$12\overline{)96}$　$12\overline{)108}$　$12\overline{)48}$　$12\overline{)144}$　$12\overline{)144}$　$12\overline{)144}$

$12\overline{)120}$　$12\overline{)60}$　$12\overline{)48}$　$12\overline{)96}$　$12\overline{)12}$　$12\overline{)36}$　$12\overline{)72}$　$12\overline{)60}$　$12\overline{)96}$　$12\overline{)156}$

$12\overline{)144}$　$12\overline{)0}$　$12\overline{)60}$　$12\overline{)156}$　$12\overline{)12}$　$12\overline{)48}$　$12\overline{)156}$　$12\overline{)156}$　$12\overline{)72}$　$12\overline{)60}$

$12\overline{)132}$　$12\overline{)12}$　$12\overline{)180}$　$12\overline{)180}$　$12\overline{)12}$　$12\overline{)108}$　$12\overline{)36}$　$12\overline{)72}$　$12\overline{)108}$　$12\overline{)36}$

$12\overline{)96}$　$12\overline{)132}$　$12\overline{)36}$　$12\overline{)144}$　$12\overline{)72}$　$12\overline{)120}$　$12\overline{)132}$　$12\overline{)156}$　$12\overline{)36}$　$12\overline{)84}$

$12\overline{)132}$　$12\overline{)36}$　$12\overline{)84}$　$12\overline{)144}$　$12\overline{)12}$　$12\overline{)168}$　$12\overline{)180}$　$12\overline{)36}$　$12\overline{)60}$　$12\overline{)180}$

$12\overline{)168}$　$12\overline{)120}$　$12\overline{)12}$　$12\overline{)156}$　$12\overline{)132}$　$12\overline{)12}$　$12\overline{)180}$　$12\overline{)132}$　$12\overline{)120}$　$12\overline{)156}$

$12\overline{)84}$　$12\overline{)60}$　$12\overline{)72}$　$12\overline{)60}$　$12\overline{)24}$　$12\overline{)168}$　$12\overline{)144}$　$12\overline{)24}$　$12\overline{)168}$　$12\overline{)120}$

Dividing 12's

/ 100

:

$12\overline{)132}$ $12\overline{)156}$ $12\overline{)24}$ $12\overline{)96}$ $12\overline{)72}$ $12\overline{)12}$ $12\overline{)60}$ $12\overline{)144}$ $12\overline{)48}$ $12\overline{)120}$

$12\overline{)36}$ $12\overline{)108}$ $12\overline{)84}$ $12\overline{)0}$ $12\overline{)180}$ $12\overline{)168}$ $12\overline{)48}$ $12\overline{)144}$ $12\overline{)84}$ $12\overline{)48}$

$12\overline{)156}$ $12\overline{)156}$ $12\overline{)168}$ $12\overline{)60}$ $12\overline{)156}$ $12\overline{)36}$ $12\overline{)60}$ $12\overline{)180}$ $12\overline{)96}$ $12\overline{)60}$

$12\overline{)132}$ $12\overline{)24}$ $12\overline{)180}$ $12\overline{)144}$ $12\overline{)108}$ $12\overline{)36}$ $12\overline{)96}$ $12\overline{)132}$ $12\overline{)60}$ $12\overline{)120}$

$12\overline{)72}$ $12\overline{)144}$ $12\overline{)0}$ $12\overline{)96}$ $12\overline{)132}$ $12\overline{)0}$ $12\overline{)168}$ $12\overline{)132}$ $12\overline{)132}$ $12\overline{)144}$

$12\overline{)180}$ $12\overline{)36}$ $12\overline{)156}$ $12\overline{)156}$ $12\overline{)48}$ $12\overline{)132}$ $12\overline{)48}$ $12\overline{)180}$ $12\overline{)24}$ $12\overline{)108}$

$12\overline{)48}$ $12\overline{)144}$ $12\overline{)24}$ $12\overline{)168}$ $12\overline{)12}$ $12\overline{)12}$ $12\overline{)60}$ $12\overline{)144}$ $12\overline{)72}$ $12\overline{)36}$

$12\overline{)84}$ $12\overline{)144}$ $12\overline{)168}$ $12\overline{)48}$ $12\overline{)132}$ $12\overline{)48}$ $12\overline{)180}$ $12\overline{)144}$ $12\overline{)0}$ $12\overline{)36}$

$12\overline{)132}$ $12\overline{)48}$ $12\overline{)156}$ $12\overline{)48}$ $12\overline{)24}$ $12\overline{)156}$ $12\overline{)72}$ $12\overline{)48}$ $12\overline{)144}$ $12\overline{)168}$

$12\overline{)108}$ $12\overline{)0}$ $12\overline{)144}$ $12\overline{)96}$ $12\overline{)144}$ $12\overline{)180}$ $12\overline{)144}$ $12\overline{)84}$ $12\overline{)36}$ $12\overline{)156}$

Dividing 13's

Name

Score / 100

Time :

$13\overline{)143}$ $13\overline{)169}$ $13\overline{)104}$ $13\overline{)78}$ $13\overline{)130}$ $13\overline{)117}$ $13\overline{)65}$ $13\overline{)156}$ $13\overline{)52}$ $13\overline{)91}$

$13\overline{)182}$ $13\overline{)195}$ $13\overline{)26}$ $13\overline{)0}$ $13\overline{)13}$ $13\overline{)39}$ $13\overline{)130}$ $13\overline{)143}$ $13\overline{)143}$ $13\overline{)26}$

$13\overline{)143}$ $13\overline{)156}$ $13\overline{)104}$ $13\overline{)143}$ $13\overline{)156}$ $13\overline{)78}$ $13\overline{)91}$ $13\overline{)39}$ $13\overline{)182}$ $13\overline{)169}$

$13\overline{)130}$ $13\overline{)130}$ $13\overline{)195}$ $13\overline{)169}$ $13\overline{)156}$ $13\overline{)65}$ $13\overline{)78}$ $13\overline{)78}$ $13\overline{)169}$ $13\overline{)39}$

$13\overline{)156}$ $13\overline{)169}$ $13\overline{)52}$ $13\overline{)52}$ $13\overline{)117}$ $13\overline{)26}$ $13\overline{)169}$ $13\overline{)26}$ $13\overline{)65}$ $13\overline{)52}$

$13\overline{)182}$ $13\overline{)169}$ $13\overline{)104}$ $13\overline{)156}$ $13\overline{)182}$ $13\overline{)104}$ $13\overline{)143}$ $13\overline{)156}$ $13\overline{)104}$ $13\overline{)91}$

$13\overline{)169}$ $13\overline{)130}$ $13\overline{)78}$ $13\overline{)156}$ $13\overline{)39}$ $13\overline{)39}$ $13\overline{)195}$ $13\overline{)169}$ $13\overline{)104}$ $13\overline{)143}$

$13\overline{)156}$ $13\overline{)65}$ $13\overline{)169}$ $13\overline{)169}$ $13\overline{)65}$ $13\overline{)169}$ $13\overline{)169}$ $13\overline{)39}$ $13\overline{)143}$ $13\overline{)156}$

$13\overline{)182}$ $13\overline{)13}$ $13\overline{)143}$ $13\overline{)117}$ $13\overline{)169}$ $13\overline{)39}$ $13\overline{)117}$ $13\overline{)26}$ $13\overline{)65}$ $13\overline{)78}$

$13\overline{)130}$ $13\overline{)26}$ $13\overline{)156}$ $13\overline{)78}$ $13\overline{)26}$ $13\overline{)13}$ $13\overline{)52}$ $13\overline{)169}$ $13\overline{)143}$ $13\overline{)39}$

Dividing 13's

/ 100

:

13)104 13)169 13)78   13)65   13)52   13)91   13)13   13)39   13)143 13)195

13)26   13)130 13)0   13)182 13)117 13)156 13)39   13)52   13)182 13)156

13)156 13)182 13)156 13)39   13)52   13)65   13)169 13)169 13)52   13)182

13)52   13)13   13)169 13)195 13)182 13)78   13)156 13)117 13)52   13)91

13)0   13)156 13)13   13)156 13)130 13)156 13)143 13)169 13)65   13)91

13)65   13)169 13)195 13)52   13)156 13)91   13)104 13)91   13)52   13)0

13)143 13)182 13)143 13)91   13)65   13)169 13)182 13)26   13)91   13)182

13)182 13)195 13)104 13)182 13)13   13)52   13)182 13)0   13)143 13)26

13)104 13)130 13)52   13)156 13)104 13)78   13)182 13)39   13)143 13)26

13)169 13)104 13)91   13)26   13)39   13)143 13)104 13)13   13)195 13)39

Dividing 14's

Name _____   Score / 100   Time __ : __

$14\overline{)98}$ $14\overline{)168}$ $14\overline{)182}$ $14\overline{)154}$ $14\overline{)42}$ $14\overline{)28}$ $14\overline{)14}$ $14\overline{)196}$ $14\overline{)56}$ $14\overline{)126}$

$14\overline{)210}$ $14\overline{)112}$ $14\overline{)0}$ $14\overline{)70}$ $14\overline{)140}$ $14\overline{)84}$ $14\overline{)154}$ $14\overline{)168}$ $14\overline{)70}$ $14\overline{)154}$

$14\overline{)126}$ $14\overline{)154}$ $14\overline{)154}$ $14\overline{)98}$ $14\overline{)182}$ $14\overline{)98}$ $14\overline{)154}$ $14\overline{)182}$ $14\overline{)168}$ $14\overline{)210}$

$14\overline{)182}$ $14\overline{)140}$ $14\overline{)210}$ $14\overline{)182}$ $14\overline{)168}$ $14\overline{)168}$ $14\overline{)0}$ $14\overline{)28}$ $14\overline{)14}$ $14\overline{)84}$

$14\overline{)182}$ $14\overline{)14}$ $14\overline{)154}$ $14\overline{)168}$ $14\overline{)154}$ $14\overline{)14}$ $14\overline{)168}$ $14\overline{)84}$ $14\overline{)84}$ $14\overline{)112}$

$14\overline{)70}$ $14\overline{)42}$ $14\overline{)98}$ $14\overline{)0}$ $14\overline{)154}$ $14\overline{)56}$ $14\overline{)196}$ $14\overline{)14}$ $14\overline{)196}$ $14\overline{)14}$

$14\overline{)28}$ $14\overline{)70}$ $14\overline{)196}$ $14\overline{)196}$ $14\overline{)56}$ $14\overline{)154}$ $14\overline{)84}$ $14\overline{)196}$ $14\overline{)98}$ $14\overline{)14}$

$14\overline{)70}$ $14\overline{)182}$ $14\overline{)168}$ $14\overline{)182}$ $14\overline{)98}$ $14\overline{)42}$ $14\overline{)196}$ $14\overline{)168}$ $14\overline{)168}$ $14\overline{)154}$

$14\overline{)210}$ $14\overline{)42}$ $14\overline{)154}$ $14\overline{)98}$ $14\overline{)112}$ $14\overline{)14}$ $14\overline{)168}$ $14\overline{)196}$ $14\overline{)168}$ $14\overline{)196}$

$14\overline{)28}$ $14\overline{)140}$ $14\overline{)168}$ $14\overline{)56}$ $14\overline{)168}$ $14\overline{)70}$ $14\overline{)154}$ $14\overline{)56}$ $14\overline{)84}$ $14\overline{)182}$

$14\overline{)140}$ $14\overline{)70}$ $14\overline{)196}$ $14\overline{)14}$ $14\overline{)210}$ $14\overline{)168}$ $14\overline{)154}$ $14\overline{)126}$ $14\overline{)84}$ $14\overline{)98}$

$14\overline{)112}$ $14\overline{)182}$ $14\overline{)28}$ $14\overline{)42}$ $14\overline{)0}$ $14\overline{)56}$ $14\overline{)182}$ $14\overline{)14}$ $14\overline{)112}$ $14\overline{)14}$

$14\overline{)182}$ $14\overline{)182}$ $14\overline{)210}$ $14\overline{)84}$ $14\overline{)168}$ $14\overline{)112}$ $14\overline{)210}$ $14\overline{)196}$ $14\overline{)154}$ $14\overline{)42}$

$14\overline{)182}$ $14\overline{)98}$ $14\overline{)140}$ $14\overline{)112}$ $14\overline{)210}$ $14\overline{)98}$ $14\overline{)154}$ $14\overline{)112}$ $14\overline{)42}$ $14\overline{)182}$

$14\overline{)112}$ $14\overline{)210}$ $14\overline{)84}$ $14\overline{)42}$ $14\overline{)196}$ $14\overline{)42}$ $14\overline{)196}$ $14\overline{)196}$ $14\overline{)140}$ $14\overline{)154}$

$14\overline{)112}$ $14\overline{)56}$ $14\overline{)140}$ $14\overline{)14}$ $14\overline{)28}$ $14\overline{)42}$ $14\overline{)140}$ $14\overline{)182}$ $14\overline{)42}$ $14\overline{)56}$

$14\overline{)182}$ $14\overline{)182}$ $14\overline{)70}$ $14\overline{)28}$ $14\overline{)56}$ $14\overline{)210}$ $14\overline{)56}$ $14\overline{)42}$ $14\overline{)98}$ $14\overline{)182}$

$14\overline{)112}$ $14\overline{)168}$ $14\overline{)154}$ $14\overline{)140}$ $14\overline{)196}$ $14\overline{)182}$ $14\overline{)126}$ $14\overline{)84}$ $14\overline{)14}$ $14\overline{)154}$

$14\overline{)42}$ $14\overline{)28}$ $14\overline{)112}$ $14\overline{)154}$ $14\overline{)154}$ $14\overline{)14}$ $14\overline{)154}$ $14\overline{)140}$ $14\overline{)168}$ $14\overline{)168}$

$14\overline{)210}$ $14\overline{)98}$ $14\overline{)210}$ $14\overline{)98}$ $14\overline{)154}$ $14\overline{)98}$ $14\overline{)140}$ $14\overline{)112}$ $14\overline{)112}$ $14\overline{)28}$

Name	Score	Time
	/ 100	:

$5\overline{)0}$ $\quad6\overline{)48}$ $\quad8\overline{)120}$ $\quad9\overline{)108}$ $\quad6\overline{)114}$ $\quad5\overline{)75}$ $\quad11\overline{)220}$ $\quad10\overline{)60}$ $\quad2\overline{)12}$ $\quad2\overline{)4}$

$2\overline{)28}$ $\quad4\overline{)80}$ $\quad4\overline{)20}$ $\quad11\overline{)55}$ $\quad1\overline{)10}$ $\quad9\overline{)153}$ $\quad5\overline{)5}$ $\quad2\overline{)36}$ $\quad4\overline{)56}$ $\quad10\overline{)140}$

$11\overline{)11}$ $\quad6\overline{)30}$ $\quad12\overline{)72}$ $\quad6\overline{)42}$ $\quad8\overline{)32}$ $\quad7\overline{)77}$ $\quad4\overline{)32}$ $\quad3\overline{)24}$ $\quad2\overline{)14}$ $\quad3\overline{)36}$

$6\overline{)84}$ $\quad6\overline{)108}$ $\quad2\overline{)8}$ $\quad6\overline{)90}$ $\quad10\overline{)20}$ $\quad11\overline{)66}$ $\quad12\overline{)108}$ $\quad8\overline{)88}$ $\quad9\overline{)171}$ $\quad11\overline{)44}$

$7\overline{)105}$ $\quad3\overline{)15}$ $\quad8\overline{)24}$ $\quad9\overline{)144}$ $\quad5\overline{)40}$ $\quad7\overline{)21}$ $\quad6\overline{)18}$ $\quad6\overline{)66}$ $\quad10\overline{)40}$ $\quad6\overline{)78}$

$11\overline{)121}$ $\quad9\overline{)72}$ $\quad5\overline{)15}$ $\quad6\overline{)36}$ $\quad2\overline{)2}$ $\quad2\overline{)26}$ $\quad5\overline{)55}$ $\quad9\overline{)180}$ $\quad6\overline{)6}$ $\quad1\overline{)4}$

$7\overline{)70}$ $\quad3\overline{)42}$ $\quad3\overline{)54}$ $\quad10\overline{)30}$ $\quad10\overline{)10}$ $\quad2\overline{)0}$ $\quad2\overline{)38}$ $\quad10\overline{)50}$ $\quad2\overline{)40}$ $\quad11\overline{)132}$

$2\overline{)6}$ $\quad3\overline{)18}$ $\quad11\overline{)165}$ $\quad8\overline{)128}$ $\quad6\overline{)54}$ $\quad3\overline{)27}$ $\quad1\overline{)14}$ $\quad3\overline{)48}$ $\quad3\overline{)3}$ $\quad8\overline{)112}$

$4\overline{)60}$ $\quad2\overline{)16}$ $\quad4\overline{)8}$ $\quad4\overline{)72}$ $\quad10\overline{)190}$ $\quad1\overline{)12}$ $\quad11\overline{)110}$ $\quad2\overline{)18}$ $\quad10\overline{)150}$ $\quad7\overline{)84}$

$7\overline{)112}$ $\quad6\overline{)0}$ $\quad7\overline{)35}$ $\quad11\overline{)198}$ $\quad9\overline{)45}$ $\quad2\overline{)24}$ $\quad3\overline{)0}$ $\quad6\overline{)60}$ $\quad5\overline{)25}$ $\quad8\overline{)72}$

Mixed Division Drills 0 - 12

Name   Score   / 100   Time   :

$3\overline{)9}$ $4\overline{)4}$ $1\overline{)0}$ $6\overline{)18}$ $9\overline{)81}$ $10\overline{)190}$ $9\overline{)27}$ $8\overline{)144}$ $2\overline{)10}$ $9\overline{)63}$

$5\overline{)15}$ $3\overline{)0}$ $6\overline{)6}$ $9\overline{)18}$ $10\overline{)170}$ $8\overline{)56}$ $10\overline{)140}$ $8\overline{)24}$ $6\overline{)96}$ $8\overline{)48}$

$7\overline{)14}$ $2\overline{)38}$ $11\overline{)66}$ $9\overline{)72}$ $2\overline{)2}$ $9\overline{)126}$ $4\overline{)44}$ $12\overline{)180}$ $6\overline{)60}$ $7\overline{)63}$

$1\overline{)5}$ $8\overline{)152}$ $10\overline{)150}$ $9\overline{)108}$ $6\overline{)42}$ $7\overline{)98}$ $11\overline{)33}$ $11\overline{)77}$ $6\overline{)30}$ $4\overline{)28}$

$4\overline{)40}$ $10\overline{)180}$ $12\overline{)48}$ $10\overline{)130}$ $3\overline{)39}$ $7\overline{)28}$ $3\overline{)45}$ $2\overline{)8}$ $12\overline{)72}$ $5\overline{)65}$

$2\overline{)16}$ $5\overline{)20}$ $7\overline{)112}$ $5\overline{)85}$ $4\overline{)52}$ $7\overline{)56}$ $10\overline{)60}$ $4\overline{)16}$ $8\overline{)120}$ $3\overline{)57}$

$2\overline{)12}$ $1\overline{)17}$ $11\overline{)198}$ $9\overline{)135}$ $6\overline{)66}$ $6\overline{)72}$ $7\overline{)0}$ $8\overline{)88}$ $2\overline{)36}$ $2\overline{)26}$

$8\overline{)40}$ $7\overline{)35}$ $3\overline{)54}$ $7\overline{)126}$ $1\overline{)15}$ $6\overline{)24}$ $3\overline{)33}$ $6\overline{)102}$ $1\overline{)11}$ $3\overline{)12}$

$8\overline{)72}$ $1\overline{)3}$ $10\overline{)20}$ $10\overline{)120}$ $8\overline{)136}$ $1\overline{)18}$ $5\overline{)30}$ $5\overline{)35}$ $7\overline{)42}$ $5\overline{)5}$

$3\overline{)21}$ $10\overline{)200}$ $7\overline{)49}$ $11\overline{)11}$ $3\overline{)36}$ $8\overline{)32}$ $2\overline{)28}$ $2\overline{)20}$ $1\overline{)8}$ $11\overline{)165}$

Mixed Division Drills 0 - 12

Name

Score / 100

Time :

$7\overline{)77}$	$11\overline{)44}$	$3\overline{)24}$	$11\overline{)154}$	$10\overline{)20}$	$1\overline{)12}$	$10\overline{)30}$	$4\overline{)16}$	$5\overline{)50}$	$9\overline{)9}$
$12\overline{)84}$	$12\overline{)72}$	$10\overline{)10}$	$4\overline{)20}$	$8\overline{)144}$	$3\overline{)45}$	$11\overline{)176}$	$10\overline{)50}$	$8\overline{)48}$	$6\overline{)48}$
$10\overline{)190}$	$7\overline{)98}$	$4\overline{)32}$	$12\overline{)120}$	$4\overline{)76}$	$7\overline{)21}$	$3\overline{)36}$	$9\overline{)72}$	$2\overline{)10}$	$3\overline{)12}$
$8\overline{)136}$	$2\overline{)8}$	$3\overline{)21}$	$7\overline{)119}$	$8\overline{)72}$	$7\overline{)7}$	$7\overline{)42}$	$7\overline{)35}$	$9\overline{)45}$	$7\overline{)56}$
$4\overline{)12}$	$6\overline{)36}$	$8\overline{)112}$	$3\overline{)6}$	$8\overline{)8}$	$8\overline{)32}$	$9\overline{)90}$	$9\overline{)171}$	$8\overline{)24}$	$10\overline{)0}$
$8\overline{)152}$	$8\overline{)80}$	$12\overline{)0}$	$5\overline{)40}$	$7\overline{)84}$	$5\overline{)80}$	$4\overline{)72}$	$12\overline{)12}$	$5\overline{)5}$	$3\overline{)51}$
$3\overline{)3}$	$1\overline{)0}$	$1\overline{)13}$	$11\overline{)143}$	$2\overline{)14}$	$5\overline{)35}$	$11\overline{)132}$	$11\overline{)209}$	$11\overline{)11}$	$6\overline{)102}$
$4\overline{)8}$	$12\overline{)96}$	$11\overline{)220}$	$9\overline{)27}$	$5\overline{)85}$	$3\overline{)18}$	$3\overline{)33}$	$11\overline{)187}$	$10\overline{)120}$	$6\overline{)24}$
$6\overline{)18}$	$9\overline{)63}$	$10\overline{)90}$	$5\overline{)70}$	$3\overline{)39}$	$11\overline{)33}$	$5\overline{)55}$	$4\overline{)24}$	$12\overline{)60}$	$10\overline{)170}$
$5\overline{)60}$	$11\overline{)198}$	$10\overline{)180}$	$6\overline{)78}$	$1\overline{)1}$	$8\overline{)0}$	$10\overline{)110}$	$9\overline{)54}$	$9\overline{)108}$	$11\overline{)0}$

Name		Score		/ 100	Time	:			

$6\overline{)114}$ $3\overline{)48}$ $4\overline{)68}$ $11\overline{)0}$ $4\overline{)44}$ $2\overline{)30}$ $4\overline{)12}$ $1\overline{)19}$ $7\overline{)112}$ $8\overline{)32}$

$3\overline{)33}$ $9\overline{)0}$ $5\overline{)20}$ $5\overline{)35}$ $4\overline{)4}$ $11\overline{)22}$ $9\overline{)18}$ $2\overline{)20}$ $1\overline{)17}$ $5\overline{)60}$

$12\overline{)168}$ $2\overline{)28}$ $12\overline{)180}$ $10\overline{)200}$ $3\overline{)9}$ $10\overline{)10}$ $4\overline{)28}$ $10\overline{)60}$ $10\overline{)70}$ $6\overline{)78}$

$11\overline{)110}$ $5\overline{)40}$ $9\overline{)144}$ $8\overline{)136}$ $4\overline{)56}$ $7\overline{)28}$ $6\overline{)30}$ $10\overline{)40}$ $8\overline{)88}$ $3\overline{)54}$

$11\overline{)209}$ $5\overline{)10}$ $8\overline{)112}$ $3\overline{)3}$ $11\overline{)165}$ $5\overline{)65}$ $2\overline{)16}$ $7\overline{)84}$ $2\overline{)6}$ $6\overline{)0}$

$12\overline{)0}$ $7\overline{)49}$ $1\overline{)8}$ $5\overline{)85}$ $11\overline{)77}$ $9\overline{)45}$ $10\overline{)80}$ $8\overline{)152}$ $5\overline{)70}$ $2\overline{)34}$

$2\overline{)26}$ $6\overline{)84}$ $5\overline{)80}$ $4\overline{)24}$ $3\overline{)21}$ $7\overline{)98}$ $6\overline{)54}$ $3\overline{)42}$ $11\overline{)143}$ $2\overline{)32}$

$4\overline{)32}$ $5\overline{)75}$ $3\overline{)12}$ $4\overline{)76}$ $5\overline{)45}$ $2\overline{)12}$ $1\overline{)7}$ $10\overline{)160}$ $4\overline{)16}$ $7\overline{)42}$

$11\overline{)44}$ $1\overline{)2}$ $11\overline{)33}$ $8\overline{)120}$ $7\overline{)56}$ $3\overline{)30}$ $5\overline{)90}$ $11\overline{)11}$ $1\overline{)10}$ $3\overline{)57}$

$10\overline{)190}$ $8\overline{)72}$ $5\overline{)25}$ $8\overline{)128}$ $5\overline{)55}$ $7\overline{)14}$ $6\overline{)12}$ $10\overline{)20}$ $9\overline{)63}$ $2\overline{)22}$

Mixed Division Drills 0 – 12

Name

Score / 100

Time :

$4\overline{)28}$ $5\overline{)70}$ $3\overline{)36}$ $5\overline{)30}$ $1\overline{)16}$ $6\overline{)84}$ $2\overline{)2}$ $9\overline{)72}$ $5\overline{)10}$ $10\overline{)30}$

$10\overline{)180}$ $7\overline{)49}$ $1\overline{)19}$ $7\overline{)98}$ $3\overline{)48}$ $7\overline{)140}$ $5\overline{)60}$ $10\overline{)200}$ $12\overline{)12}$ $2\overline{)8}$

$10\overline{)50}$ $11\overline{)44}$ $9\overline{)9}$ $6\overline{)60}$ $6\overline{)24}$ $8\overline{)32}$ $5\overline{)0}$ $7\overline{)126}$ $10\overline{)70}$ $9\overline{)63}$

$9\overline{)135}$ $11\overline{)55}$ $4\overline{)60}$ $11\overline{)209}$ $3\overline{)42}$ $8\overline{)144}$ $8\overline{)0}$ $1\overline{)0}$ $6\overline{)36}$ $8\overline{)104}$

$4\overline{)16}$ $10\overline{)190}$ $12\overline{)60}$ $12\overline{)180}$ $3\overline{)21}$ $6\overline{)30}$ $1\overline{)6}$ $10\overline{)120}$ $7\overline{)56}$ $3\overline{)39}$

$5\overline{)90}$ $11\overline{)121}$ $6\overline{)54}$ $6\overline{)48}$ $11\overline{)66}$ $10\overline{)40}$ $4\overline{)8}$ $1\overline{)7}$ $12\overline{)48}$ $8\overline{)48}$

$4\overline{)0}$ $12\overline{)168}$ $8\overline{)120}$ $5\overline{)75}$ $9\overline{)144}$ $5\overline{)65}$ $2\overline{)10}$ $6\overline{)102}$ $4\overline{)4}$ $3\overline{)3}$

$10\overline{)130}$ $5\overline{)20}$ $6\overline{)72}$ $12\overline{)216}$ $11\overline{)143}$ $5\overline{)35}$ $6\overline{)66}$ $9\overline{)108}$ $4\overline{)56}$ $5\overline{)85}$

$3\overline{)54}$ $10\overline{)160}$ $11\overline{)33}$ $10\overline{)80}$ $8\overline{)56}$ $6\overline{)90}$ $1\overline{)14}$ $2\overline{)26}$ $6\overline{)18}$ $2\overline{)30}$

$11\overline{)22}$ $3\overline{)51}$ $2\overline{)16}$ $7\overline{)133}$ $10\overline{)60}$ $11\overline{)99}$ $11\overline{)187}$ $3\overline{)60}$ $11\overline{)220}$ $5\overline{)15}$

Mixed Division Drills 0 – 12

Name _____ Score ___ / 100 Time ___ : ___

$3\overline{)57}$	$1\overline{)16}$	$6\overline{)84}$	$5\overline{)25}$	$5\overline{)10}$	$10\overline{)60}$	$8\overline{)120}$	$10\overline{)150}$	$3\overline{)36}$	$6\overline{)30}$
$4\overline{)44}$	$7\overline{)119}$	$6\overline{)96}$	$11\overline{)154}$	$4\overline{)28}$	$1\overline{)14}$	$6\overline{)48}$	$6\overline{)114}$	$2\overline{)16}$	$5\overline{)85}$
$10\overline{)40}$	$6\overline{)108}$	$7\overline{)28}$	$2\overline{)22}$	$2\overline{)32}$	$10\overline{)0}$	$10\overline{)80}$	$9\overline{)171}$	$4\overline{)12}$	$10\overline{)90}$
$11\overline{)66}$	$11\overline{)11}$	$8\overline{)88}$	$9\overline{)162}$	$3\overline{)51}$	$8\overline{)160}$	$8\overline{)16}$	$6\overline{)18}$	$5\overline{)60}$	$6\overline{)6}$
$11\overline{)22}$	$10\overline{)50}$	$1\overline{)4}$	$7\overline{)112}$	$5\overline{)35}$	$9\overline{)27}$	$10\overline{)10}$	$7\overline{)49}$	$9\overline{)90}$	$2\overline{)30}$
$9\overline{)63}$	$10\overline{)120}$	$8\overline{)64}$	$8\overline{)80}$	$9\overline{)153}$	$4\overline{)36}$	$2\overline{)24}$	$5\overline{)5}$	$7\overline{)35}$	$4\overline{)56}$
$11\overline{)99}$	$5\overline{)80}$	$9\overline{)99}$	$4\overline{)64}$	$7\overline{)140}$	$9\overline{)0}$	$3\overline{)21}$	$8\overline{)32}$	$5\overline{)55}$	$6\overline{)36}$
$3\overline{)48}$	$7\overline{)56}$	$9\overline{)36}$	$1\overline{)13}$	$5\overline{)90}$	$4\overline{)76}$	$7\overline{)84}$	$3\overline{)15}$	$9\overline{)108}$	$5\overline{)70}$
$1\overline{)18}$	$5\overline{)30}$	$8\overline{)48}$	$4\overline{)60}$	$6\overline{)42}$	$1\overline{)20}$	$3\overline{)39}$	$9\overline{)18}$	$5\overline{)95}$	$10\overline{)100}$
$11\overline{)77}$	$7\overline{)7}$	$12\overline{)180}$	$8\overline{)24}$	$12\overline{)156}$	$11\overline{)55}$	$3\overline{)24}$	$7\overline{)98}$	$7\overline{)77}$	$9\overline{)126}$

Mixed Division Drills 0 – 12

Name

Score / 100

Time :

$1\overline{)0}$ $8\overline{)152}$ $8\overline{)56}$ $2\overline{)8}$ $4\overline{)28}$ $4\overline{)80}$ $10\overline{)90}$ $7\overline{)28}$ $2\overline{)24}$ $2\overline{)40}$

$5\overline{)45}$ $6\overline{)48}$ $9\overline{)135}$ $10\overline{)10}$ $10\overline{)130}$ $6\overline{)120}$ $9\overline{)36}$ $9\overline{)180}$ $7\overline{)77}$ $9\overline{)108}$

$10\overline{)170}$ $7\overline{)126}$ $11\overline{)110}$ $6\overline{)6}$ $11\overline{)143}$ $3\overline{)36}$ $3\overline{)9}$ $7\overline{)112}$ $12\overline{)108}$ $8\overline{)16}$

$6\overline{)36}$ $11\overline{)88}$ $7\overline{)133}$ $3\overline{)57}$ $6\overline{)30}$ $11\overline{)77}$ $11\overline{)132}$ $11\overline{)22}$ $2\overline{)30}$ $10\overline{)30}$

$6\overline{)96}$ $6\overline{)108}$ $4\overline{)64}$ $5\overline{)10}$ $2\overline{)36}$ $9\overline{)27}$ $6\overline{)24}$ $8\overline{)112}$ $4\overline{)24}$ $1\overline{)15}$

$8\overline{)96}$ $12\overline{)48}$ $5\overline{)55}$ $10\overline{)120}$ $6\overline{)102}$ $2\overline{)28}$ $10\overline{)60}$ $2\overline{)16}$ $8\overline{)104}$ $12\overline{)192}$

$11\overline{)33}$ $11\overline{)55}$ $3\overline{)18}$ $6\overline{)114}$ $10\overline{)180}$ $9\overline{)63}$ $9\overline{)171}$ $4\overline{)32}$ $7\overline{)7}$ $9\overline{)81}$

$2\overline{)10}$ $2\overline{)22}$ $3\overline{)42}$ $1\overline{)2}$ $7\overline{)21}$ $8\overline{)144}$ $7\overline{)63}$ $5\overline{)65}$ $9\overline{)99}$ $4\overline{)48}$

$8\overline{)88}$ $7\overline{)119}$ $1\overline{)10}$ $2\overline{)20}$ $10\overline{)20}$ $5\overline{)80}$ $3\overline{)24}$ $11\overline{)44}$ $12\overline{)24}$ $10\overline{)110}$

$9\overline{)162}$ $7\overline{)35}$ $7\overline{)56}$ $8\overline{)32}$ $8\overline{)24}$ $11\overline{)154}$ $3\overline{)39}$ $10\overline{)50}$ $5\overline{)20}$ $7\overline{)98}$

$11\overline{)44}$ $11\overline{)11}$ $3\overline{)9}$ $4\overline{)4}$ $12\overline{)96}$ $10\overline{)60}$ $12\overline{)72}$ $3\overline{)21}$ $9\overline{)45}$ $1\overline{)17}$

$10\overline{)140}$ $8\overline{)8}$ $7\overline{)28}$ $9\overline{)117}$ $2\overline{)40}$ $4\overline{)36}$ $2\overline{)12}$ $11\overline{)132}$ $8\overline{)48}$ $7\overline{)126}$

$5\overline{)25}$ $5\overline{)35}$ $7\overline{)56}$ $2\overline{)6}$ $7\overline{)105}$ $7\overline{)91}$ $10\overline{)160}$ $1\overline{)11}$ $3\overline{)3}$ $6\overline{)78}$

$6\overline{)114}$ $3\overline{)57}$ $10\overline{)40}$ $3\overline{)33}$ $11\overline{)22}$ $7\overline{)7}$ $8\overline{)40}$ $7\overline{)14}$ $10\overline{)110}$ $5\overline{)70}$

$10\overline{)0}$ $9\overline{)72}$ $4\overline{)20}$ $4\overline{)52}$ $5\overline{)80}$ $11\overline{)154}$ $5\overline{)15}$ $12\overline{)24}$ $2\overline{)38}$ $2\overline{)36}$

$8\overline{)144}$ $10\overline{)20}$ $6\overline{)54}$ $12\overline{)12}$ $11\overline{)143}$ $8\overline{)72}$ $2\overline{)0}$ $5\overline{)30}$ $9\overline{)153}$ $8\overline{)152}$

$1\overline{)5}$ $7\overline{)119}$ $8\overline{)32}$ $2\overline{)24}$ $2\overline{)34}$ $3\overline{)15}$ $5\overline{)20}$ $10\overline{)10}$ $2\overline{)8}$ $6\overline{)48}$

$8\overline{)56}$ $12\overline{)60}$ $10\overline{)130}$ $5\overline{)60}$ $8\overline{)24}$ $2\overline{)10}$ $4\overline{)64}$ $3\overline{)18}$ $9\overline{)27}$ $5\overline{)40}$

$7\overline{)98}$ $4\overline{)44}$ $11\overline{)33}$ $11\overline{)66}$ $4\overline{)8}$ $8\overline{)80}$ $1\overline{)13}$ $9\overline{)90}$ $9\overline{)180}$ $6\overline{)60}$

$4\overline{)12}$ $1\overline{)2}$ $10\overline{)70}$ $1\overline{)16}$ $3\overline{)36}$ $2\overline{)32}$ $7\overline{)49}$ $1\overline{)12}$ $5\overline{)75}$ $10\overline{)50}$

| Mixed Division Drills 0 – 12 | Name | Score / 100 | Time : |

$7\overline{)119}$ $6\overline{)6}$ $12\overline{)216}$ $9\overline{)108}$ $4\overline{)16}$ $4\overline{)4}$ $2\overline{)20}$ $10\overline{)90}$ $1\overline{)7}$ $3\overline{)15}$

$6\overline{)84}$ $12\overline{)96}$ $4\overline{)76}$ $6\overline{)30}$ $3\overline{)48}$ $2\overline{)4}$ $4\overline{)8}$ $2\overline{)8}$ $5\overline{)80}$ $9\overline{)54}$

$4\overline{)60}$ $3\overline{)21}$ $10\overline{)70}$ $7\overline{)35}$ $6\overline{)90}$ $5\overline{)60}$ $8\overline{)152}$ $12\overline{)180}$ $4\overline{)48}$ $2\overline{)6}$

$2\overline{)26}$ $9\overline{)153}$ $11\overline{)132}$ $3\overline{)12}$ $6\overline{)120}$ $4\overline{)12}$ $3\overline{)18}$ $3\overline{)51}$ $8\overline{)128}$ $5\overline{)10}$

$9\overline{)144}$ $6\overline{)0}$ $6\overline{)24}$ $7\overline{)133}$ $9\overline{)27}$ $10\overline{)140}$ $4\overline{)72}$ $11\overline{)121}$ $9\overline{)171}$ $8\overline{)80}$

$7\overline{)77}$ $11\overline{)33}$ $3\overline{)36}$ $8\overline{)64}$ $8\overline{)16}$ $6\overline{)48}$ $2\overline{)40}$ $11\overline{)165}$ $5\overline{)30}$ $3\overline{)60}$

$11\overline{)44}$ $5\overline{)45}$ $10\overline{)120}$ $6\overline{)42}$ $3\overline{)42}$ $5\overline{)5}$ $9\overline{)72}$ $7\overline{)126}$ $10\overline{)20}$ $8\overline{)40}$

$8\overline{)24}$ $2\overline{)30}$ $1\overline{)5}$ $12\overline{)204}$ $11\overline{)176}$ $1\overline{)16}$ $3\overline{)24}$ $1\overline{)13}$ $3\overline{)57}$ $12\overline{)12}$

$8\overline{)120}$ $9\overline{)117}$ $11\overline{)55}$ $3\overline{)45}$ $7\overline{)14}$ $10\overline{)110}$ $5\overline{)90}$ $8\overline{)48}$ $8\overline{)136}$ $11\overline{)66}$

$11\overline{)77}$ $3\overline{)3}$ $11\overline{)198}$ $5\overline{)50}$ $3\overline{)33}$ $11\overline{)11}$ $10\overline{)180}$ $7\overline{)112}$ $10\overline{)40}$ $12\overline{)24}$

Mixed Division Drills 0 – 12

$5\overline{)40}$ $8\overline{)8}$ $6\overline{)84}$ $6\overline{)72}$ $11\overline{)0}$ $10\overline{)120}$ $11\overline{)66}$ $8\overline{)112}$ $9\overline{)135}$ $10\overline{)130}$

$9\overline{)99}$ $6\overline{)18}$ $9\overline{)108}$ $6\overline{)96}$ $6\overline{)12}$ $4\overline{)44}$ $5\overline{)0}$ $8\overline{)128}$ $6\overline{)78}$ $8\overline{)136}$

$3\overline{)36}$ $2\overline{)8}$ $12\overline{)24}$ $10\overline{)40}$ $6\overline{)6}$ $10\overline{)70}$ $3\overline{)12}$ $2\overline{)6}$ $7\overline{)112}$ $2\overline{)0}$

$7\overline{)49}$ $6\overline{)48}$ $11\overline{)55}$ $10\overline{)190}$ $7\overline{)35}$ $6\overline{)0}$ $8\overline{)120}$ $8\overline{)16}$ $8\overline{)80}$ $6\overline{)120}$

$4\overline{)32}$ $11\overline{)22}$ $10\overline{)30}$ $12\overline{)216}$ $12\overline{)156}$ $5\overline{)65}$ $7\overline{)133}$ $3\overline{)24}$ $11\overline{)33}$ $7\overline{)14}$

$9\overline{)180}$ $10\overline{)60}$ $9\overline{)45}$ $6\overline{)24}$ $2\overline{)22}$ $9\overline{)153}$ $5\overline{)5}$ $10\overline{)140}$ $6\overline{)42}$ $1\overline{)1}$

$10\overline{)50}$ $5\overline{)30}$ $10\overline{)160}$ $5\overline{)35}$ $7\overline{)98}$ $3\overline{)27}$ $8\overline{)24}$ $1\overline{)13}$ $9\overline{)126}$ $7\overline{)0}$

$11\overline{)77}$ $2\overline{)34}$ $4\overline{)40}$ $7\overline{)77}$ $4\overline{)48}$ $4\overline{)28}$ $11\overline{)165}$ $11\overline{)44}$ $8\overline{)88}$ $4\overline{)8}$

$3\overline{)9}$ $8\overline{)144}$ $4\overline{)76}$ $11\overline{)132}$ $11\overline{)187}$ $2\overline{)26}$ $8\overline{)56}$ $5\overline{)95}$ $6\overline{)90}$ $12\overline{)48}$

$7\overline{)91}$ $10\overline{)180}$ $5\overline{)10}$ $12\overline{)36}$ $3\overline{)33}$ $5\overline{)15}$ $2\overline{)16}$ $3\overline{)48}$ $11\overline{)143}$ $2\overline{)2}$

Mixed Division Drills 0 – 12

Name

Score / 100

Time :

$10\overline{)30}$ $2\overline{)6}$ $2\overline{)22}$ $8\overline{)144}$ $4\overline{)0}$ $3\overline{)39}$ $5\overline{)70}$ $5\overline{)45}$ $12\overline{)12}$ $6\overline{)30}$

$4\overline{)32}$ $10\overline{)20}$ $11\overline{)187}$ $1\overline{)15}$ $8\overline{)104}$ $11\overline{)66}$ $11\overline{)44}$ $5\overline{)25}$ $11\overline{)143}$ $1\overline{)0}$

$3\overline{)42}$ $3\overline{)21}$ $3\overline{)18}$ $8\overline{)24}$ $11\overline{)132}$ $8\overline{)16}$ $6\overline{)72}$ $3\overline{)51}$ $4\overline{)68}$ $11\overline{)198}$

$2\overline{)28}$ $6\overline{)54}$ $12\overline{)204}$ $11\overline{)121}$ $10\overline{)200}$ $4\overline{)36}$ $2\overline{)20}$ $5\overline{)85}$ $11\overline{)11}$ $9\overline{)135}$

$2\overline{)10}$ $10\overline{)140}$ $11\overline{)33}$ $4\overline{)52}$ $6\overline{)108}$ $2\overline{)2}$ $9\overline{)162}$ $8\overline{)152}$ $11\overline{)88}$ $3\overline{)45}$

$7\overline{)91}$ $7\overline{)42}$ $8\overline{)80}$ $9\overline{)90}$ $12\overline{)228}$ $9\overline{)36}$ $9\overline{)153}$ $2\overline{)14}$ $2\overline{)8}$ $6\overline{)42}$

$4\overline{)56}$ $10\overline{)60}$ $2\overline{)0}$ $10\overline{)80}$ $5\overline{)90}$ $2\overline{)40}$ $7\overline{)7}$ $10\overline{)150}$ $8\overline{)40}$ $5\overline{)35}$

$5\overline{)95}$ $1\overline{)4}$ $5\overline{)30}$ $8\overline{)64}$ $4\overline{)8}$ $1\overline{)19}$ $3\overline{)54}$ $7\overline{)77}$ $1\overline{)18}$ $10\overline{)130}$

$7\overline{)126}$ $10\overline{)170}$ $1\overline{)17}$ $4\overline{)48}$ $11\overline{)55}$ $6\overline{)96}$ $1\overline{)1}$ $4\overline{)4}$ $2\overline{)4}$ $12\overline{)192}$

$3\overline{)15}$ $12\overline{)24}$ $1\overline{)10}$ $7\overline{)35}$ $9\overline{)9}$ $3\overline{)36}$ $9\overline{)54}$ $7\overline{)21}$ $6\overline{)48}$ $10\overline{)10}$

Name	Score	Time
	/ 100	:

Mixed Division Drills 0 - 12

$6\overline{)48}$ $11\overline{)143}$ $12\overline{)72}$ $2\overline{)34}$ $9\overline{)18}$ $5\overline{)20}$ $2\overline{)6}$ $4\overline{)68}$ $3\overline{)9}$ $2\overline{)12}$

$5\overline{)45}$ $3\overline{)33}$ $9\overline{)63}$ $12\overline{)84}$ $10\overline{)100}$ $3\overline{)51}$ $11\overline{)44}$ $4\overline{)72}$ $1\overline{)4}$ $1\overline{)11}$

$12\overline{)168}$ $9\overline{)162}$ $9\overline{)0}$ $7\overline{)21}$ $8\overline{)16}$ $8\overline{)72}$ $4\overline{)12}$ $9\overline{)153}$ $12\overline{)144}$ $9\overline{)171}$

$7\overline{)28}$ $10\overline{)150}$ $7\overline{)49}$ $6\overline{)54}$ $10\overline{)160}$ $6\overline{)30}$ $9\overline{)126}$ $6\overline{)90}$ $8\overline{)88}$ $6\overline{)66}$

$3\overline{)24}$ $2\overline{)8}$ $7\overline{)133}$ $9\overline{)144}$ $3\overline{)42}$ $3\overline{)45}$ $5\overline{)60}$ $3\overline{)30}$ $8\overline{)144}$ $11\overline{)33}$

$6\overline{)18}$ $6\overline{)36}$ $8\overline{)112}$ $12\overline{)228}$ $7\overline{)105}$ $2\overline{)18}$ $11\overline{)77}$ $11\overline{)176}$ $8\overline{)136}$ $7\overline{)35}$

$4\overline{)56}$ $3\overline{)18}$ $5\overline{)95}$ $9\overline{)9}$ $9\overline{)27}$ $11\overline{)121}$ $12\overline{)204}$ $7\overline{)91}$ $4\overline{)64}$ $11\overline{)11}$

$4\overline{)60}$ $4\overline{)48}$ $3\overline{)3}$ $5\overline{)30}$ $10\overline{)40}$ $9\overline{)81}$ $9\overline{)117}$ $12\overline{)48}$ $10\overline{)110}$ $7\overline{)7}$

$8\overline{)32}$ $10\overline{)190}$ $6\overline{)102}$ $6\overline{)6}$ $8\overline{)120}$ $6\overline{)108}$ $10\overline{)80}$ $2\overline{)4}$ $6\overline{)78}$ $9\overline{)180}$

$12\overline{)96}$ $4\overline{)32}$ $5\overline{)65}$ $12\overline{)108}$ $2\overline{)32}$ $1\overline{)3}$ $9\overline{)135}$ $7\overline{)119}$ $4\overline{)76}$ $1\overline{)10}$

Mixed Division Drills 0 – 50

Name Score / 100 Time :

$17\overline{)17}$	$9\overline{)0}$	$26\overline{)104}$	$23\overline{)92}$	$45\overline{)45}$	$10\overline{)50}$	$6\overline{)24}$	$13\overline{)130}$	$44\overline{)440}$	$32\overline{)64}$
$17\overline{)0}$	$2\overline{)0}$	$22\overline{)88}$	$11\overline{)88}$	$36\overline{)324}$	$39\overline{)0}$	$23\overline{)161}$	$26\overline{)234}$	$3\overline{)9}$	$2\overline{)6}$
$2\overline{)18}$	$24\overline{)168}$	$18\overline{)36}$	$46\overline{)368}$	$45\overline{)270}$	$48\overline{)432}$	$17\overline{)170}$	$48\overline{)192}$	$5\overline{)10}$	$29\overline{)58}$
$7\overline{)63}$	$33\overline{)66}$	$47\overline{)282}$	$43\overline{)258}$	$41\overline{)328}$	$41\overline{)164}$	$8\overline{)48}$	$28\overline{)140}$	$34\overline{)102}$	$20\overline{)120}$
$39\overline{)78}$	$40\overline{)0}$	$35\overline{)245}$	$33\overline{)363}$	$34\overline{)340}$	$8\overline{)24}$	$8\overline{)32}$	$14\overline{)28}$	$13\overline{)65}$	$42\overline{)210}$
$36\overline{)144}$	$45\overline{)540}$	$34\overline{)170}$	$39\overline{)312}$	$24\overline{)96}$	$41\overline{)287}$	$1\overline{)5}$	$19\overline{)76}$	$25\overline{)100}$	$43\overline{)473}$
$47\overline{)0}$	$12\overline{)132}$	$20\overline{)60}$	$50\overline{)550}$	$25\overline{)150}$	$46\overline{)138}$	$21\overline{)252}$	$21\overline{)84}$	$1\overline{)6}$	$13\overline{)104}$
$48\overline{)528}$	$35\overline{)385}$	$31\overline{)62}$	$20\overline{)220}$	$38\overline{)342}$	$3\overline{)18}$	$26\overline{)312}$	$47\overline{)329}$	$49\overline{)539}$	$10\overline{)90}$
$21\overline{)147}$	$14\overline{)154}$	$26\overline{)182}$	$1\overline{)8}$	$33\overline{)264}$	$41\overline{)41}$	$17\overline{)102}$	$44\overline{)352}$	$5\overline{)15}$	$49\overline{)98}$
$11\overline{)110}$	$23\overline{)115}$	$2\overline{)4}$	$30\overline{)240}$	$36\overline{)36}$	$39\overline{)429}$	$27\overline{)0}$	$45\overline{)360}$	$14\overline{)140}$	$14\overline{)56}$

Mixed Division Drills 0 – 50

Name

Score / 100

Time :

$37\overline{)407}$ $24\overline{)120}$ $37\overline{)444}$ $3\overline{)30}$ $5\overline{)15}$ $26\overline{)130}$ $31\overline{)310}$ $21\overline{)168}$ $24\overline{)96}$ $45\overline{)180}$

$2\overline{)6}$ $2\overline{)16}$ $36\overline{)396}$ $36\overline{)288}$ $49\overline{)147}$ $21\overline{)105}$ $15\overline{)90}$ $17\overline{)34}$ $37\overline{)296}$ $30\overline{)360}$

$43\overline{)387}$ $24\overline{)288}$ $27\overline{)216}$ $36\overline{)216}$ $2\overline{)22}$ $13\overline{)143}$ $22\overline{)176}$ $6\overline{)36}$ $44\overline{)396}$ $36\overline{)360}$

$14\overline{)70}$ $41\overline{)410}$ $43\overline{)43}$ $7\overline{)7}$ $24\overline{)72}$ $45\overline{)450}$ $26\overline{)104}$ $39\overline{)0}$ $9\overline{)9}$ $12\overline{)36}$

$32\overline{)32}$ $2\overline{)12}$ $1\overline{)8}$ $21\overline{)210}$ $14\overline{)168}$ $46\overline{)414}$ $35\overline{)210}$ $45\overline{)360}$ $8\overline{)40}$ $27\overline{)189}$

$50\overline{)450}$ $2\overline{)10}$ $11\overline{)66}$ $8\overline{)72}$ $31\overline{)248}$ $30\overline{)0}$ $38\overline{)342}$ $41\overline{)164}$ $35\overline{)280}$ $1\overline{)11}$

$46\overline{)506}$ $12\overline{)0}$ $22\overline{)44}$ $45\overline{)405}$ $26\overline{)182}$ $2\overline{)14}$ $16\overline{)96}$ $25\overline{)200}$ $6\overline{)30}$ $19\overline{)57}$

$11\overline{)88}$ $37\overline{)74}$ $41\overline{)369}$ $18\overline{)18}$ $47\overline{)188}$ $37\overline{)37}$ $15\overline{)15}$ $19\overline{)133}$ $47\overline{)517}$ $8\overline{)96}$

$39\overline{)390}$ $4\overline{)28}$ $50\overline{)50}$ $29\overline{)232}$ $37\overline{)259}$ $16\overline{)64}$ $17\overline{)17}$ $19\overline{)114}$ $33\overline{)363}$ $7\overline{)77}$

$9\overline{)0}$ $11\overline{)55}$ $14\overline{)84}$ $7\overline{)21}$ $20\overline{)160}$ $37\overline{)333}$ $3\overline{)33}$ $43\overline{)86}$ $27\overline{)270}$ $28\overline{)252}$

Mixed Division Drills 0 - 50

Name

Score / 100

Time :

$8\overline{)48}$ $24\overline{)144}$ $9\overline{)63}$ $12\overline{)24}$ $21\overline{)105}$ $50\overline{)500}$ $23\overline{)207}$ $33\overline{)99}$ $42\overline{)378}$ $41\overline{)205}$

$30\overline{)30}$ $27\overline{)216}$ $27\overline{)324}$ $14\overline{)28}$ $44\overline{)132}$ $11\overline{)22}$ $28\overline{)252}$ $26\overline{)52}$ $50\overline{)250}$ $38\overline{)418}$

$3\overline{)33}$ $15\overline{)45}$ $14\overline{)84}$ $19\overline{)209}$ $26\overline{)130}$ $27\overline{)243}$ $17\overline{)0}$ $46\overline{)414}$ $48\overline{)96}$ $16\overline{)16}$

$15\overline{)30}$ $45\overline{)0}$ $31\overline{)93}$ $10\overline{)100}$ $38\overline{)304}$ $36\overline{)180}$ $34\overline{)272}$ $5\overline{)35}$ $21\overline{)84}$ $36\overline{)324}$

$40\overline{)440}$ $38\overline{)76}$ $22\overline{)132}$ $43\overline{)258}$ $44\overline{)396}$ $13\overline{)130}$ $4\overline{)32}$ $31\overline{)341}$ $3\overline{)9}$ $32\overline{)384}$

$15\overline{)90}$ $9\overline{)99}$ $35\overline{)35}$ $48\overline{)192}$ $19\overline{)152}$ $14\overline{)56}$ $20\overline{)180}$ $29\overline{)58}$ $21\overline{)168}$ $50\overline{)0}$

$20\overline{)220}$ $19\overline{)228}$ $5\overline{)10}$ $28\overline{)56}$ $34\overline{)306}$ $25\overline{)100}$ $39\overline{)429}$ $23\overline{)92}$ $21\overline{)63}$ $28\overline{)168}$

$19\overline{)133}$ $18\overline{)126}$ $23\overline{)69}$ $26\overline{)78}$ $35\overline{)210}$ $29\overline{)203}$ $25\overline{)50}$ $25\overline{)250}$ $37\overline{)37}$ $39\overline{)117}$

$50\overline{)450}$ $2\overline{)22}$ $17\overline{)51}$ $36\overline{)72}$ $7\overline{)42}$ $33\overline{)330}$ $28\overline{)280}$ $26\overline{)260}$ $34\overline{)102}$ $22\overline{)44}$

$8\overline{)88}$ $41\overline{)328}$ $20\overline{)160}$ $31\overline{)124}$ $35\overline{)315}$ $30\overline{)210}$ $26\overline{)156}$ $36\overline{)432}$ $48\overline{)240}$ $39\overline{)195}$

$16\overline{)16}$ $32\overline{)0}$ $4\overline{)24}$ $3\overline{)33}$ $36\overline{)180}$ $24\overline{)240}$ $37\overline{)407}$ $13\overline{)104}$ $46\overline{)230}$ $30\overline{)60}$

$35\overline{)175}$ $45\overline{)270}$ $5\overline{)5}$ $39\overline{)234}$ $14\overline{)70}$ $21\overline{)189}$ $9\overline{)99}$ $16\overline{)112}$ $10\overline{)40}$ $49\overline{)147}$

$39\overline{)273}$ $24\overline{)96}$ $46\overline{)276}$ $14\overline{)140}$ $34\overline{)340}$ $40\overline{)400}$ $3\overline{)6}$ $8\overline{)48}$ $20\overline{)220}$ $8\overline{)24}$

$6\overline{)6}$ $24\overline{)0}$ $39\overline{)156}$ $19\overline{)76}$ $12\overline{)36}$ $11\overline{)66}$ $10\overline{)70}$ $37\overline{)148}$ $5\overline{)45}$ $12\overline{)60}$

$36\overline{)252}$ $46\overline{)184}$ $43\overline{)86}$ $25\overline{)200}$ $47\overline{)0}$ $18\overline{)144}$ $7\overline{)35}$ $28\overline{)196}$ $6\overline{)72}$ $32\overline{)160}$

$33\overline{)132}$ $34\overline{)170}$ $21\overline{)210}$ $23\overline{)184}$ $39\overline{)390}$ $1\overline{)8}$ $18\overline{)198}$ $6\overline{)36}$ $24\overline{)48}$ $41\overline{)287}$

$17\overline{)34}$ $19\overline{)38}$ $14\overline{)0}$ $10\overline{)80}$ $45\overline{)315}$ $33\overline{)165}$ $38\overline{)304}$ $11\overline{)44}$ $14\overline{)42}$ $3\overline{)24}$

$18\overline{)36}$ $18\overline{)18}$ $5\overline{)55}$ $9\overline{)9}$ $48\overline{)288}$ $9\overline{)36}$ $33\overline{)330}$ $23\overline{)46}$ $30\overline{)270}$ $46\overline{)46}$

$2\overline{)12}$ $41\overline{)41}$ $22\overline{)44}$ $18\overline{)0}$ $6\overline{)42}$ $35\overline{)420}$ $15\overline{)15}$ $26\overline{)104}$ $6\overline{)48}$ $11\overline{)55}$

$32\overline{)32}$ $1\overline{)4}$ $42\overline{)42}$ $34\overline{)136}$ $10\overline{)100}$ $24\overline{)288}$ $37\overline{)37}$ $28\overline{)280}$ $22\overline{)132}$ $34\overline{)272}$

Mixed Division Drills 0 - 50

Name

Score / 100

Time :

$7\overline{)0}$	$31\overline{)62}$	$18\overline{)72}$	$25\overline{)75}$	$18\overline{)144}$	$34\overline{)136}$	$48\overline{)48}$	$13\overline{)13}$	$22\overline{)154}$	$36\overline{)396}$
$49\overline{)539}$	$19\overline{)95}$	$41\overline{)41}$	$7\overline{)84}$	$7\overline{)14}$	$17\overline{)102}$	$31\overline{)372}$	$15\overline{)45}$	$30\overline{)30}$	$39\overline{)468}$
$29\overline{)261}$	$5\overline{)45}$	$3\overline{)21}$	$16\overline{)160}$	$45\overline{)90}$	$17\overline{)51}$	$11\overline{)88}$	$13\overline{)39}$	$33\overline{)66}$	$18\overline{)54}$
$13\overline{)78}$	$9\overline{)18}$	$19\overline{)38}$	$37\overline{)444}$	$24\overline{)96}$	$42\overline{)378}$	$18\overline{)36}$	$40\overline{)280}$	$21\overline{)63}$	$39\overline{)117}$
$6\overline{)66}$	$42\overline{)42}$	$17\overline{)187}$	$37\overline{)37}$	$31\overline{)155}$	$39\overline{)234}$	$38\overline{)38}$	$31\overline{)341}$	$20\overline{)220}$	$41\overline{)164}$
$5\overline{)55}$	$36\overline{)432}$	$22\overline{)132}$	$17\overline{)17}$	$22\overline{)0}$	$25\overline{)300}$	$40\overline{)400}$	$13\overline{)117}$	$18\overline{)18}$	$29\overline{)116}$
$48\overline{)144}$	$29\overline{)319}$	$12\overline{)72}$	$22\overline{)110}$	$11\overline{)22}$	$12\overline{)120}$	$32\overline{)320}$	$31\overline{)248}$	$31\overline{)217}$	$33\overline{)264}$
$3\overline{)30}$	$28\overline{)28}$	$5\overline{)20}$	$29\overline{)232}$	$22\overline{)22}$	$27\overline{)27}$	$25\overline{)150}$	$41\overline{)123}$	$32\overline{)0}$	$2\overline{)12}$
$35\overline{)385}$	$11\overline{)77}$	$7\overline{)63}$	$15\overline{)30}$	$30\overline{)60}$	$20\overline{)100}$	$19\overline{)190}$	$21\overline{)126}$	$16\overline{)112}$	$9\overline{)9}$
$39\overline{)195}$	$3\overline{)36}$	$2\overline{)10}$	$41\overline{)246}$	$14\overline{)98}$	$42\overline{)168}$	$9\overline{)72}$	$44\overline{)132}$	$34\overline{)374}$	$5\overline{)10}$

Mixed Division Drills 0 - 50

Name

Score / 100

Time :

24⟌72	49⟌98	2⟌22	40⟌80	4⟌20	48⟌480	7⟌84	32⟌224	41⟌246	13⟌52
12⟌84	47⟌470	42⟌126	16⟌16	12⟌72	29⟌174	38⟌418	32⟌384	44⟌0	25⟌275
34⟌102	44⟌396	20⟌40	14⟌28	44⟌44	47⟌376	15⟌150	17⟌34	18⟌162	29⟌232
46⟌322	41⟌205	4⟌12	19⟌152	37⟌370	49⟌196	5⟌35	48⟌48	43⟌86	42⟌42
29⟌145	30⟌30	32⟌288	33⟌297	34⟌306	18⟌108	35⟌35	24⟌144	36⟌72	39⟌273
22⟌22	8⟌56	31⟌248	45⟌360	9⟌27	45⟌225	43⟌430	2⟌8	41⟌492	30⟌210
1⟌12	8⟌24	49⟌294	47⟌517	10⟌60	20⟌60	31⟌186	16⟌192	23⟌253	44⟌528
30⟌150	41⟌451	34⟌340	3⟌3	30⟌60	31⟌155	48⟌528	33⟌33	37⟌0	25⟌200
46⟌138	3⟌24	13⟌78	4⟌40	27⟌216	36⟌0	21⟌189	23⟌23	43⟌43	43⟌344
6⟌12	28⟌140	17⟌68	12⟌120	25⟌175	45⟌0	30⟌180	10⟌110	24⟌168	3⟌9

Mixed Division Drills 0 – 50

Name

Score / 100

Time :

$29\overline{)290}$ $41\overline{)246}$ $2\overline{)16}$ $17\overline{)119}$ $8\overline{)88}$ $7\overline{)28}$ $25\overline{)50}$ $6\overline{)60}$ $49\overline{)245}$ $19\overline{)209}$

$7\overline{)35}$ $16\overline{)32}$ $24\overline{)48}$ $20\overline{)120}$ $42\overline{)42}$ $33\overline{)363}$ $7\overline{)84}$ $22\overline{)242}$ $38\overline{)114}$ $20\overline{)220}$

$42\overline{)168}$ $22\overline{)110}$ $17\overline{)204}$ $16\overline{)64}$ $33\overline{)297}$ $18\overline{)216}$ $6\overline{)6}$ $39\overline{)78}$ $28\overline{)224}$ $3\overline{)30}$

$15\overline{)150}$ $38\overline{)38}$ $10\overline{)60}$ $36\overline{)72}$ $6\overline{)48}$ $2\overline{)10}$ $48\overline{)528}$ $45\overline{)45}$ $36\overline{)288}$ $11\overline{)33}$

$19\overline{)19}$ $12\overline{)84}$ $33\overline{)396}$ $28\overline{)112}$ $6\overline{)12}$ $40\overline{)400}$ $30\overline{)180}$ $35\overline{)280}$ $47\overline{)376}$ $48\overline{)576}$

$12\overline{)96}$ $43\overline{)301}$ $46\overline{)92}$ $2\overline{)18}$ $18\overline{)126}$ $18\overline{)18}$ $17\overline{)102}$ $41\overline{)0}$ $24\overline{)120}$ $39\overline{)39}$

$13\overline{)91}$ $40\overline{)320}$ $34\overline{)34}$ $25\overline{)100}$ $38\overline{)76}$ $7\overline{)21}$ $33\overline{)165}$ $49\overline{)490}$ $1\overline{)6}$ $24\overline{)24}$

$34\overline{)272}$ $46\overline{)460}$ $36\overline{)252}$ $44\overline{)88}$ $44\overline{)440}$ $18\overline{)54}$ $43\overline{)86}$ $49\overline{)49}$ $23\overline{)23}$ $41\overline{)410}$

$40\overline{)160}$ $30\overline{)120}$ $44\overline{)528}$ $32\overline{)128}$ $45\overline{)135}$ $13\overline{)39}$ $26\overline{)130}$ $38\overline{)152}$ $25\overline{)225}$ $32\overline{)224}$

$36\overline{)180}$ $34\overline{)238}$ $43\overline{)215}$ $35\overline{)245}$ $36\overline{)144}$ $2\overline{)14}$ $16\overline{)176}$ $10\overline{)40}$ $49\overline{)392}$ $19\overline{)133}$

Mixed Division Drills 0 - 50

Name

Score / 100

Time :

$34\overline{)102}$ $23\overline{)92}$ $24\overline{)168}$ $1\overline{)0}$ $36\overline{)72}$ $37\overline{)185}$ $33\overline{)198}$ $32\overline{)128}$ $40\overline{)240}$ $20\overline{)240}$

$48\overline{)576}$ $32\overline{)96}$ $18\overline{)18}$ $9\overline{)63}$ $36\overline{)396}$ $18\overline{)144}$ $14\overline{)70}$ $27\overline{)27}$ $13\overline{)156}$ $15\overline{)45}$

$25\overline{)25}$ $40\overline{)400}$ $31\overline{)186}$ $32\overline{)288}$ $24\overline{)264}$ $26\overline{)130}$ $21\overline{)168}$ $31\overline{)62}$ $49\overline{)196}$ $19\overline{)95}$

$15\overline{)150}$ $43\overline{)0}$ $9\overline{)27}$ $48\overline{)288}$ $5\overline{)50}$ $13\overline{)26}$ $25\overline{)275}$ $11\overline{)110}$ $33\overline{)330}$ $18\overline{)162}$

$21\overline{)105}$ $48\overline{)480}$ $26\overline{)26}$ $49\overline{)539}$ $43\overline{)43}$ $40\overline{)480}$ $48\overline{)336}$ $16\overline{)96}$ $24\overline{)24}$ $33\overline{)264}$

$34\overline{)136}$ $47\overline{)282}$ $24\overline{)216}$ $28\overline{)28}$ $2\overline{)16}$ $24\overline{)72}$ $42\overline{)168}$ $16\overline{)16}$ $16\overline{)80}$ $6\overline{)18}$

$44\overline{)44}$ $28\overline{)308}$ $14\overline{)140}$ $37\overline{)370}$ $45\overline{)225}$ $19\overline{)171}$ $26\overline{)260}$ $44\overline{)132}$ $30\overline{)180}$ $29\overline{)174}$

$37\overline{)444}$ $9\overline{)36}$ $6\overline{)48}$ $40\overline{)160}$ $3\overline{)18}$ $21\overline{)63}$ $45\overline{)270}$ $28\overline{)56}$ $19\overline{)152}$ $48\overline{)384}$

$35\overline{)420}$ $24\overline{)240}$ $37\overline{)111}$ $25\overline{)300}$ $42\overline{)294}$ $17\overline{)119}$ $37\overline{)296}$ $48\overline{)240}$ $40\overline{)200}$ $4\overline{)4}$

$41\overline{)41}$ $16\overline{)144}$ $43\overline{)473}$ $41\overline{)369}$ $25\overline{)100}$ $32\overline{)320}$ $8\overline{)80}$ $44\overline{)484}$ $33\overline{)297}$ $8\overline{)96}$

Name   **Score** /100   **Time** :

$8\overline{)80}$	$38\overline{)418}$	$47\overline{)517}$	$17\overline{)204}$	$28\overline{)56}$	$10\overline{)110}$	$23\overline{)207}$	$29\overline{)116}$	$11\overline{)55}$	$48\overline{)192}$
$44\overline{)88}$	$42\overline{)42}$	$30\overline{)300}$	$13\overline{)117}$	$17\overline{)85}$	$37\overline{)74}$	$31\overline{)93}$	$2\overline{)14}$	$19\overline{)76}$	$41\overline{)164}$
$6\overline{)24}$	$31\overline{)310}$	$8\overline{)40}$	$3\overline{)24}$	$5\overline{)35}$	$15\overline{)180}$	$49\overline{)392}$	$16\overline{)32}$	$40\overline{)240}$	$37\overline{)333}$
$30\overline{)150}$	$29\overline{)29}$	$4\overline{)20}$	$38\overline{)456}$	$20\overline{)80}$	$50\overline{)350}$	$19\overline{)114}$	$50\overline{)150}$	$10\overline{)40}$	$34\overline{)340}$
$5\overline{)45}$	$9\overline{)108}$	$47\overline{)470}$	$42\overline{)420}$	$36\overline{)324}$	$39\overline{)273}$	$40\overline{)360}$	$33\overline{)33}$	$16\overline{)144}$	$30\overline{)270}$
$31\overline{)155}$	$48\overline{)288}$	$43\overline{)473}$	$2\overline{)16}$	$33\overline{)330}$	$49\overline{)196}$	$2\overline{)12}$	$25\overline{)50}$	$50\overline{)200}$	$41\overline{)123}$
$24\overline{)192}$	$26\overline{)286}$	$9\overline{)72}$	$31\overline{)372}$	$9\overline{)36}$	$8\overline{)64}$	$16\overline{)160}$	$46\overline{)184}$	$50\overline{)400}$	$2\overline{)2}$
$5\overline{)60}$	$29\overline{)174}$	$24\overline{)240}$	$3\overline{)27}$	$14\overline{)70}$	$36\overline{)144}$	$32\overline{)160}$	$30\overline{)120}$	$48\overline{)528}$	$37\overline{)148}$
$33\overline{)231}$	$8\overline{)56}$	$30\overline{)60}$	$8\overline{)32}$	$10\overline{)60}$	$5\overline{)0}$	$25\overline{)100}$	$32\overline{)320}$	$4\overline{)44}$	$14\overline{)98}$
$19\overline{)19}$	$46\overline{)368}$	$2\overline{)10}$	$16\overline{)176}$	$18\overline{)198}$	$20\overline{)220}$	$11\overline{)11}$	$15\overline{)75}$	$50\overline{)550}$	$10\overline{)10}$

Name	Score	Time
	/ 100	:

Mixed Division Drills 0 - 50

$48\overline{)192}$ $30\overline{)360}$ $42\overline{)0}$ $36\overline{)72}$ $5\overline{)5}$ $49\overline{)392}$ $35\overline{)175}$ $13\overline{)26}$ $5\overline{)15}$ $21\overline{)231}$

$12\overline{)72}$ $21\overline{)105}$ $10\overline{)60}$ $2\overline{)16}$ $38\overline{)114}$ $45\overline{)450}$ $1\overline{)12}$ $7\overline{)35}$ $41\overline{)123}$ $19\overline{)76}$

$40\overline{)440}$ $12\overline{)24}$ $14\overline{)84}$ $8\overline{)48}$ $37\overline{)0}$ $43\overline{)344}$ $47\overline{)235}$ $45\overline{)90}$ $41\overline{)164}$ $49\overline{)0}$

$22\overline{)220}$ $11\overline{)11}$ $32\overline{)288}$ $16\overline{)160}$ $19\overline{)190}$ $45\overline{)45}$ $8\overline{)32}$ $16\overline{)48}$ $7\overline{)56}$ $20\overline{)120}$

$46\overline{)414}$ $10\overline{)30}$ $2\overline{)8}$ $4\overline{)32}$ $26\overline{)182}$ $24\overline{)24}$ $16\overline{)144}$ $24\overline{)96}$ $50\overline{)100}$ $44\overline{)220}$

$10\overline{)110}$ $34\overline{)102}$ $38\overline{)342}$ $27\overline{)189}$ $5\overline{)10}$ $45\overline{)270}$ $6\overline{)48}$ $34\overline{)374}$ $6\overline{)24}$ $33\overline{)231}$

$17\overline{)153}$ $17\overline{)170}$ $41\overline{)205}$ $44\overline{)484}$ $12\overline{)144}$ $39\overline{)468}$ $17\overline{)0}$ $3\overline{)36}$ $26\overline{)78}$ $39\overline{)234}$

$29\overline{)290}$ $27\overline{)108}$ $9\overline{)90}$ $33\overline{)297}$ $36\overline{)36}$ $3\overline{)21}$ $39\overline{)273}$ $29\overline{)319}$ $45\overline{)495}$ $46\overline{)92}$

$23\overline{)23}$ $20\overline{)220}$ $8\overline{)8}$ $33\overline{)264}$ $27\overline{)54}$ $3\overline{)18}$ $12\overline{)0}$ $32\overline{)384}$ $37\overline{)37}$ $47\overline{)94}$

$11\overline{)99}$ $23\overline{)46}$ $4\overline{)28}$ $18\overline{)144}$ $38\overline{)152}$ $19\overline{)95}$ $47\overline{)141}$ $35\overline{)245}$ $6\overline{)0}$ $31\overline{)93}$

	Name	Score	Time
Mixed Division Drills 0 – 100		/ 100	:

$74\overline{)370}$ $82\overline{)410}$ $10\overline{)60}$ $55\overline{)220}$ $22\overline{)22}$ $21\overline{)21}$ $4\overline{)24}$ $99\overline{)0}$ $66\overline{)660}$ $19\overline{)57}$

$62\overline{)372}$ $26\overline{)156}$ $84\overline{)504}$ $77\overline{)385}$ $51\overline{)0}$ $77\overline{)231}$ $84\overline{)840}$ $24\overline{)216}$ $76\overline{)456}$ $17\overline{)153}$

$70\overline{)140}$ $99\overline{)198}$ $48\overline{)336}$ $52\overline{)104}$ $59\overline{)531}$ $3\overline{)9}$ $50\overline{)350}$ $92\overline{)276}$ $14\overline{)56}$ $55\overline{)385}$

$77\overline{)77}$ $82\overline{)164}$ $34\overline{)408}$ $23\overline{)69}$ $27\overline{)81}$ $26\overline{)52}$ $65\overline{)325}$ $54\overline{)270}$ $53\overline{)53}$ $97\overline{)679}$

$87\overline{)783}$ $99\overline{)594}$ $73\overline{)219}$ $90\overline{)0}$ $64\overline{)320}$ $95\overline{)665}$ $35\overline{)350}$ $83\overline{)498}$ $39\overline{)156}$ $91\overline{)364}$

$50\overline{)500}$ $59\overline{)0}$ $3\overline{)18}$ $71\overline{)0}$ $30\overline{)120}$ $65\overline{)130}$ $23\overline{)23}$ $21\overline{)189}$ $26\overline{)286}$ $31\overline{)93}$

$59\overline{)590}$ $19\overline{)19}$ $51\overline{)561}$ $12\overline{)108}$ $28\overline{)168}$ $84\overline{)672}$ $69\overline{)414}$ $27\overline{)27}$ $96\overline{)768}$ $27\overline{)135}$

$30\overline{)210}$ $17\overline{)136}$ $91\overline{)819}$ $40\overline{)120}$ $60\overline{)0}$ $25\overline{)125}$ $100\overline{)800}$ $79\overline{)632}$ $54\overline{)54}$ $36\overline{)432}$

$77\overline{)693}$ $48\overline{)576}$ $49\overline{)441}$ $81\overline{)81}$ $83\overline{)581}$ $68\overline{)680}$ $96\overline{)1,152}$ $65\overline{)390}$ $19\overline{)171}$ $53\overline{)530}$

$13\overline{)39}$ $30\overline{)150}$ $66\overline{)0}$ $71\overline{)497}$ $44\overline{)264}$ $16\overline{)32}$ $10\overline{)40}$ $83\overline{)415}$ $19\overline{)209}$ $30\overline{)240}$

Mixed Division Drills 0 - 100

Name

Score / 100

Time :

$94\overline{)1{,}034}$ $47\overline{)94}$ $78\overline{)78}$ $65\overline{)650}$ $72\overline{)432}$ $52\overline{)312}$ $64\overline{)128}$ $35\overline{)70}$ $83\overline{)747}$ $48\overline{)336}$

$42\overline{)420}$ $50\overline{)550}$ $55\overline{)220}$ $47\overline{)47}$ $61\overline{)610}$ $83\overline{)913}$ $88\overline{)88}$ $16\overline{)0}$ $73\overline{)0}$ $11\overline{)33}$

$87\overline{)696}$ $65\overline{)130}$ $54\overline{)162}$ $2\overline{)0}$ $48\overline{)288}$ $28\overline{)308}$ $68\overline{)136}$ $40\overline{)240}$ $63\overline{)315}$ $64\overline{)384}$

$22\overline{)242}$ $71\overline{)497}$ $100\overline{)400}$ $42\overline{)378}$ $66\overline{)198}$ $95\overline{)665}$ $94\overline{)940}$ $31\overline{)124}$ $80\overline{)240}$ $11\overline{)77}$

$36\overline{)144}$ $69\overline{)759}$ $45\overline{)0}$ $65\overline{)195}$ $42\overline{)336}$ $59\overline{)59}$ $63\overline{)756}$ $98\overline{)98}$ $57\overline{)0}$ $23\overline{)184}$

$63\overline{)504}$ $87\overline{)0}$ $20\overline{)140}$ $22\overline{)66}$ $45\overline{)360}$ $53\overline{)265}$ $8\overline{)96}$ $38\overline{)456}$ $68\overline{)748}$ $84\overline{)252}$

$77\overline{)693}$ $2\overline{)10}$ $94\overline{)752}$ $97\overline{)388}$ $84\overline{)84}$ $100\overline{)100}$ $5\overline{)10}$ $62\overline{)744}$ $46\overline{)322}$ $95\overline{)285}$

$3\overline{)15}$ $32\overline{)352}$ $34\overline{)34}$ $17\overline{)51}$ $73\overline{)876}$ $53\overline{)530}$ $40\overline{)0}$ $70\overline{)700}$ $95\overline{)190}$ $72\overline{)648}$

$14\overline{)98}$ $21\overline{)63}$ $95\overline{)570}$ $50\overline{)150}$ $1\overline{)11}$ $36\overline{)252}$ $35\overline{)385}$ $18\overline{)126}$ $34\overline{)0}$ $60\overline{)120}$

$80\overline{)560}$ $29\overline{)203}$ $63\overline{)0}$ $18\overline{)36}$ $13\overline{)65}$ $23\overline{)23}$ $93\overline{)930}$ $81\overline{)243}$ $75\overline{)450}$ $99\overline{)792}$

Mixed Division Drills 0 – 100

Name
Score / 100
Time :

83⟌747	57⟌399	38⟌456	6⟌30	20⟌140	41⟌492	83⟌581	36⟌144	3⟌30	22⟌176
38⟌76	65⟌650	41⟌246	35⟌385	94⟌0	79⟌948	13⟌13	46⟌92	90⟌810	58⟌290
95⟌665	82⟌492	37⟌74	46⟌368	50⟌100	79⟌790	80⟌240	37⟌296	8⟌72	22⟌242
65⟌65	76⟌380	87⟌783	15⟌30	42⟌126	22⟌198	74⟌666	47⟌141	2⟌18	46⟌414
22⟌264	19⟌209	74⟌740	10⟌20	52⟌416	10⟌80	75⟌825	30⟌270	49⟌196	74⟌444
58⟌0	50⟌350	28⟌308	27⟌297	89⟌979	64⟌576	97⟌873	24⟌288	99⟌396	13⟌39
77⟌462	1⟌11	70⟌630	96⟌288	23⟌46	6⟌54	41⟌82	40⟌80	55⟌110	90⟌630
23⟌115	67⟌804	71⟌284	74⟌148	18⟌108	73⟌0	3⟌21	88⟌528	52⟌468	100⟌700
71⟌426	66⟌198	37⟌37	58⟌580	78⟌858	36⟌108	75⟌150	66⟌264	8⟌40	81⟌648
55⟌55	99⟌693	16⟌144	29⟌0	65⟌130	57⟌114	72⟌360	61⟌488	74⟌814	38⟌114

Mixed Division Drills 0 - 100	Name	Score / 100	Time :

$57\overline{)399}$ $98\overline{)392}$ $69\overline{)69}$ $97\overline{)582}$ $42\overline{)84}$ $98\overline{)490}$ $30\overline{)150}$ $41\overline{)492}$ $30\overline{)30}$ $32\overline{)192}$

$13\overline{)130}$ $86\overline{)172}$ $21\overline{)147}$ $22\overline{)44}$ $6\overline{)30}$ $45\overline{)270}$ $65\overline{)520}$ $93\overline{)93}$ $99\overline{)198}$ $54\overline{)216}$

$100\overline{)900}$ $67\overline{)536}$ $51\overline{)102}$ $8\overline{)0}$ $39\overline{)351}$ $47\overline{)141}$ $17\overline{)68}$ $61\overline{)488}$ $71\overline{)710}$ $17\overline{)17}$

$88\overline{)880}$ $50\overline{)600}$ $73\overline{)438}$ $80\overline{)560}$ $46\overline{)184}$ $2\overline{)4}$ $52\overline{)624}$ $48\overline{)192}$ $66\overline{)66}$ $80\overline{)240}$

$97\overline{)194}$ $33\overline{)132}$ $11\overline{)33}$ $38\overline{)76}$ $47\overline{)94}$ $26\overline{)208}$ $95\overline{)0}$ $36\overline{)216}$ $59\overline{)59}$ $77\overline{)308}$

$75\overline{)150}$ $83\overline{)249}$ $49\overline{)294}$ $62\overline{)496}$ $1\overline{)3}$ $2\overline{)14}$ $19\overline{)95}$ $48\overline{)144}$ $96\overline{)960}$ $18\overline{)18}$

$50\overline{)150}$ $13\overline{)78}$ $24\overline{)192}$ $70\overline{)0}$ $60\overline{)540}$ $51\overline{)408}$ $45\overline{)45}$ $52\overline{)520}$ $76\overline{)760}$ $1\overline{)10}$

$80\overline{)720}$ $21\overline{)0}$ $68\overline{)340}$ $83\overline{)913}$ $2\overline{)8}$ $11\overline{)121}$ $16\overline{)128}$ $71\overline{)497}$ $13\overline{)143}$ $29\overline{)174}$

$43\overline{)301}$ $72\overline{)288}$ $11\overline{)11}$ $94\overline{)658}$ $47\overline{)47}$ $84\overline{)336}$ $31\overline{)279}$ $8\overline{)8}$ $85\overline{)850}$ $82\overline{)820}$

$2\overline{)6}$ $64\overline{)448}$ $50\overline{)500}$ $42\overline{)462}$ $75\overline{)750}$ $57\overline{)342}$ $45\overline{)90}$ $66\overline{)726}$ $32\overline{)128}$ $96\overline{)480}$

Mixed Division Drills 0 - 100

Name   Score   / 100   Time   :

$3\overline{)24}$	$27\overline{)108}$	$51\overline{)153}$	$15\overline{)165}$	$47\overline{)188}$	$26\overline{)0}$	$75\overline{)525}$	$54\overline{)432}$	$51\overline{)255}$	$73\overline{)803}$
$88\overline{)440}$	$80\overline{)880}$	$55\overline{)440}$	$66\overline{)330}$	$71\overline{)710}$	$26\overline{)156}$	$3\overline{)30}$	$3\overline{)18}$	$11\overline{)110}$	$39\overline{)0}$
$39\overline{)351}$	$86\overline{)172}$	$62\overline{)558}$	$46\overline{)506}$	$57\overline{)570}$	$61\overline{)549}$	$40\overline{)40}$	$75\overline{)750}$	$53\overline{)371}$	$70\overline{)420}$
$27\overline{)27}$	$76\overline{)608}$	$93\overline{)1,023}$	$60\overline{)0}$	$2\overline{)18}$	$57\overline{)114}$	$56\overline{)392}$	$28\overline{)280}$	$21\overline{)189}$	$85\overline{)935}$
$27\overline{)162}$	$8\overline{)88}$	$13\overline{)26}$	$97\overline{)582}$	$14\overline{)154}$	$74\overline{)296}$	$7\overline{)42}$	$42\overline{)462}$	$79\overline{)553}$	$34\overline{)204}$
$26\overline{)286}$	$77\overline{)616}$	$51\overline{)357}$	$29\overline{)319}$	$34\overline{)340}$	$30\overline{)210}$	$12\overline{)36}$	$61\overline{)732}$	$77\overline{)385}$	$7\overline{)7}$
$54\overline{)54}$	$97\overline{)291}$	$11\overline{)11}$	$21\overline{)84}$	$5\overline{)40}$	$39\overline{)156}$	$66\overline{)264}$	$70\overline{)350}$	$46\overline{)276}$	$90\overline{)90}$
$17\overline{)51}$	$61\overline{)122}$	$15\overline{)60}$	$38\overline{)76}$	$35\overline{)350}$	$81\overline{)891}$	$47\overline{)94}$	$40\overline{)320}$	$71\overline{)213}$	$50\overline{)150}$
$70\overline{)840}$	$83\overline{)664}$	$16\overline{)176}$	$10\overline{)90}$	$59\overline{)177}$	$53\overline{)159}$	$52\overline{)624}$	$89\overline{)267}$	$52\overline{)468}$	$9\overline{)81}$
$70\overline{)70}$	$99\overline{)297}$	$82\overline{)492}$	$85\overline{)510}$	$94\overline{)94}$	$68\overline{)136}$	$37\overline{)74}$	$45\overline{)495}$	$5\overline{)15}$	$22\overline{)154}$

Mixed Division Drills 0 - 100

Name

Score / 100

Time :

20⟌180	65⟌0	19⟌114	73⟌511	12⟌108	36⟌360	55⟌330	93⟌1,116	2⟌8	10⟌100
79⟌158	5⟌35	88⟌704	69⟌138	16⟌176	50⟌200	24⟌240	68⟌680	25⟌175	81⟌972
65⟌65	45⟌225	55⟌385	57⟌171	24⟌216	78⟌0	74⟌74	13⟌78	82⟌574	40⟌80
24⟌0	58⟌522	82⟌82	73⟌365	49⟌98	18⟌162	28⟌140	39⟌195	24⟌72	61⟌427
35⟌105	9⟌54	6⟌48	14⟌28	45⟌180	15⟌15	66⟌528	41⟌82	89⟌801	59⟌354
83⟌83	76⟌76	56⟌0	77⟌308	70⟌560	28⟌168	97⟌873	86⟌1,032	96⟌96	68⟌136
93⟌651	99⟌198	100⟌100	9⟌63	2⟌6	53⟌318	71⟌142	78⟌234	51⟌612	95⟌0
87⟌870	47⟌423	11⟌110	82⟌410	19⟌190	6⟌30	55⟌165	14⟌98	11⟌66	96⟌192
31⟌186	83⟌830	2⟌16	47⟌564	13⟌104	31⟌31	10⟌30	14⟌70	100⟌300	79⟌553
47⟌188	58⟌348	10⟌110	87⟌522	7⟌63	51⟌0	58⟌174	86⟌172	71⟌355	11⟌55

Mixed Division Drills 0 – 100

Name

Score   / 100

Time   :

93⟌930	19⟌76	35⟌70	48⟌288	25⟌300	61⟌488	73⟌657	95⟌475	79⟌869	79⟌553
93⟌744	80⟌880	32⟌64	91⟌273	39⟌312	16⟌80	93⟌93	44⟌484	80⟌640	86⟌688
45⟌450	46⟌184	64⟌320	16⟌64	37⟌222	79⟌711	25⟌25	84⟌336	8⟌24	98⟌196
23⟌46	12⟌84	84⟌168	70⟌560	32⟌32	61⟌61	6⟌12	11⟌22	18⟌108	31⟌341
5⟌35	93⟌1,023	91⟌455	21⟌210	26⟌52	84⟌588	41⟌123	70⟌770	50⟌300	69⟌414
99⟌396	89⟌712	71⟌71	99⟌891	13⟌91	95⟌95	12⟌96	27⟌81	63⟌315	95⟌950
38⟌76	22⟌22	41⟌164	76⟌760	44⟌132	97⟌970	25⟌150	61⟌427	99⟌297	68⟌68
85⟌595	3⟌9	59⟌531	1⟌6	29⟌0	54⟌540	16⟌160	12⟌120	29⟌116	34⟌68
28⟌280	64⟌128	81⟌567	3⟌24	24⟌120	78⟌780	1⟌10	16⟌192	46⟌414	76⟌912
84⟌1,008	98⟌1,078	29⟌145	38⟌342	51⟌102	95⟌380	78⟌624	27⟌54	60⟌360	76⟌304

Mixed Division Drills 0 - 100

Name

Score / 100

Time :

$29\overline{)203}$ $37\overline{)222}$ $87\overline{)348}$ $59\overline{)413}$ $40\overline{)200}$ $89\overline{)445}$ $7\overline{)0}$ $64\overline{)128}$ $98\overline{)294}$ $4\overline{)8}$

$85\overline{)425}$ $54\overline{)0}$ $11\overline{)22}$ $35\overline{)350}$ $85\overline{)680}$ $16\overline{)176}$ $24\overline{)240}$ $35\overline{)140}$ $26\overline{)52}$ $61\overline{)0}$

$90\overline{)360}$ $31\overline{)310}$ $66\overline{)198}$ $81\overline{)891}$ $41\overline{)82}$ $47\overline{)188}$ $37\overline{)296}$ $4\overline{)40}$ $5\overline{)20}$ $42\overline{)378}$

$2\overline{)18}$ $78\overline{)702}$ $29\overline{)348}$ $17\overline{)34}$ $69\overline{)276}$ $88\overline{)792}$ $67\overline{)0}$ $23\overline{)138}$ $15\overline{)120}$ $39\overline{)390}$

$35\overline{)175}$ $41\overline{)328}$ $22\overline{)220}$ $54\overline{)378}$ $83\overline{)498}$ $29\overline{)319}$ $77\overline{)847}$ $1\overline{)1}$ $56\overline{)448}$ $13\overline{)91}$

$22\overline{)22}$ $32\overline{)256}$ $68\overline{)272}$ $45\overline{)270}$ $70\overline{)280}$ $94\overline{)658}$ $38\overline{)266}$ $38\overline{)38}$ $51\overline{)306}$ $45\overline{)315}$

$38\overline{)76}$ $4\overline{)44}$ $3\overline{)27}$ $2\overline{)2}$ $91\overline{)637}$ $14\overline{)112}$ $69\overline{)621}$ $25\overline{)100}$ $36\overline{)216}$ $14\overline{)28}$

$12\overline{)36}$ $99\overline{)198}$ $52\overline{)260}$ $75\overline{)450}$ $10\overline{)10}$ $24\overline{)0}$ $7\overline{)28}$ $66\overline{)726}$ $33\overline{)132}$ $22\overline{)66}$

$91\overline{)728}$ $32\overline{)32}$ $76\overline{)912}$ $35\overline{)105}$ $49\overline{)49}$ $37\overline{)37}$ $95\overline{)950}$ $26\overline{)182}$ $36\overline{)180}$ $46\overline{)46}$

$49\overline{)98}$ $51\overline{)153}$ $26\overline{)312}$ $88\overline{)264}$ $87\overline{)783}$ $65\overline{)520}$ $72\overline{)648}$ $27\overline{)297}$ $71\overline{)142}$ $74\overline{)888}$

Mixed Division Drills 0 - 100

Name

Score / 100

Time :

$72\overline{)648}$ $87\overline{)1,044}$ $49\overline{)196}$ $73\overline{)0}$ $9\overline{)36}$ $39\overline{)312}$ $23\overline{)207}$ $6\overline{)12}$ $66\overline{)726}$ $53\overline{)424}$

$9\overline{)18}$ $32\overline{)320}$ $11\overline{)132}$ $80\overline{)800}$ $19\overline{)57}$ $49\overline{)294}$ $4\overline{)8}$ $13\overline{)65}$ $21\overline{)168}$ $89\overline{)534}$

$8\overline{)24}$ $63\overline{)441}$ $40\overline{)480}$ $36\overline{)432}$ $29\overline{)232}$ $66\overline{)660}$ $92\overline{)276}$ $53\overline{)371}$ $47\overline{)0}$ $55\overline{)550}$

$85\overline{)850}$ $67\overline{)67}$ $62\overline{)496}$ $96\overline{)0}$ $7\overline{)7}$ $62\overline{)620}$ $51\overline{)459}$ $47\overline{)94}$ $63\overline{)630}$ $59\overline{)354}$

$57\overline{)456}$ $60\overline{)540}$ $61\overline{)366}$ $94\overline{)188}$ $74\overline{)370}$ $42\overline{)378}$ $74\overline{)444}$ $30\overline{)90}$ $38\overline{)304}$ $72\overline{)576}$

$76\overline{)760}$ $67\overline{)536}$ $8\overline{)72}$ $55\overline{)495}$ $89\overline{)801}$ $28\overline{)112}$ $30\overline{)60}$ $29\overline{)319}$ $48\overline{)48}$ $30\overline{)240}$

$14\overline{)70}$ $99\overline{)1,089}$ $84\overline{)336}$ $44\overline{)484}$ $79\overline{)869}$ $90\overline{)810}$ $9\overline{)99}$ $46\overline{)138}$ $65\overline{)780}$ $50\overline{)100}$

$95\overline{)95}$ $48\overline{)336}$ $25\overline{)100}$ $79\overline{)316}$ $92\overline{)1,012}$ $34\overline{)34}$ $73\overline{)219}$ $30\overline{)120}$ $74\overline{)518}$ $92\overline{)552}$

$31\overline{)124}$ $55\overline{)220}$ $29\overline{)203}$ $85\overline{)595}$ $63\overline{)378}$ $13\overline{)52}$ $19\overline{)209}$ $46\overline{)184}$ $28\overline{)140}$ $70\overline{)420}$

$58\overline{)116}$ $4\overline{)40}$ $61\overline{)610}$ $2\overline{)20}$ $61\overline{)122}$ $7\overline{)84}$ $89\overline{)712}$ $52\overline{)52}$ $28\overline{)224}$ $53\overline{)159}$

Mixed Division Drills 0 – 100

Name

Score / 100

Time :

$11\overline{)55}$	$2\overline{)16}$	$15\overline{)30}$	$25\overline{)250}$	$44\overline{)484}$	$75\overline{)525}$	$83\overline{)83}$	$53\overline{)265}$	$50\overline{)50}$	$13\overline{)117}$
$5\overline{)5}$	$49\overline{)245}$	$46\overline{)230}$	$32\overline{)128}$	$81\overline{)81}$	$78\overline{)234}$	$80\overline{)640}$	$56\overline{)504}$	$34\overline{)340}$	$86\overline{)602}$
$12\overline{)0}$	$3\overline{)6}$	$55\overline{)440}$	$46\overline{)414}$	$69\overline{)138}$	$51\overline{)255}$	$4\overline{)12}$	$23\overline{)23}$	$94\overline{)658}$	$21\overline{)189}$
$89\overline{)979}$	$5\overline{)25}$	$18\overline{)108}$	$75\overline{)150}$	$54\overline{)486}$	$6\overline{)48}$	$27\overline{)162}$	$66\overline{)66}$	$3\overline{)12}$	$88\overline{)792}$
$67\overline{)536}$	$55\overline{)220}$	$25\overline{)150}$	$44\overline{)264}$	$81\overline{)729}$	$63\overline{)63}$	$69\overline{)207}$	$96\overline{)768}$	$99\overline{)99}$	$94\overline{)282}$
$22\overline{)242}$	$9\overline{)90}$	$16\overline{)96}$	$62\overline{)124}$	$5\overline{)35}$	$73\overline{)365}$	$83\overline{)332}$	$24\overline{)96}$	$84\overline{)840}$	$23\overline{)69}$
$75\overline{)0}$	$97\overline{)388}$	$4\overline{)8}$	$85\overline{)425}$	$9\overline{)45}$	$35\overline{)350}$	$83\overline{)664}$	$36\overline{)324}$	$60\overline{)540}$	$23\overline{)207}$
$90\overline{)270}$	$47\overline{)94}$	$2\overline{)4}$	$28\overline{)112}$	$98\overline{)686}$	$79\overline{)158}$	$85\overline{)765}$	$53\overline{)106}$	$94\overline{)846}$	$81\overline{)972}$
$65\overline{)130}$	$11\overline{)88}$	$27\overline{)297}$	$98\overline{)588}$	$78\overline{)156}$	$58\overline{)348}$	$33\overline{)198}$	$57\overline{)513}$	$32\overline{)320}$	$88\overline{)528}$
$47\overline{)282}$	$60\overline{)120}$	$95\overline{)95}$	$82\overline{)820}$	$11\overline{)99}$	$17\overline{)170}$	$93\overline{)93}$	$58\overline{)58}$	$39\overline{)234}$	$62\overline{)310}$

Multiplication Drills 0 – 100

Name

Score / 100

Time :

63	34	79	61	15	41	83	9	62	72
× 66	× 83	× 73	× 52	× 27	× 74	× 65	× 34	× 15	× 45
79	23	80	65	88	84	18	32	94	46
× 74	× 9	× 13	× 9	× 46	× 15	× 29	× 41	× 91	× 28
97	48	31	5	32	37	30	14	44	4
× 91	× 72	× 5	× 36	× 71	× 76	× 25	× 89	× 27	× 68
8	64	43	57	34	40	69	48	27	77
× 53	× 69	× 27	× 55	× 68	× 70	× 46	× 88	× 51	× 76
9	77	10	85	16	97	89	20	28	30
× 31	× 19	× 9	× 93	× 43	× 68	× 78	× 45	× 80	× 5
48	3	31	8	77	63	49	60	76	60
× 50	× 64	× 67	× 84	× 26	× 93	× 28	× 78	× 46	× 35
42	40	72	82	26	61	23	29	29	87
× 65	× 91	× 72	× 91	× 4	× 47	× 73	× 59	× 14	× 43
3	17	81	20	19	69	21	64	12	92
× 2	× 90	× 5	× 61	× 43	× 82	× 94	× 83	× 12	× 59
86	59	66	71	100	49	59	34	49	11
× 17	× 74	× 17	× 76	× 2	× 63	× 18	× 40	× 50	× 68
53	74	34	27	11	48	21	57	44	25
× 21	× 84	× 79	× 28	× 45	× 18	× 29	× 86	× 43	× 65

Multiplication Drills 0 - 100	Name	Score / 100	Time :

50 × 62	7 × 27	87 × 59	85 × 88	8 × 11	13 × 97	62 × 95	48 × 19	85 × 75	12 × 99
24 × 50	85 × 45	64 × 53	91 × 55	52 × 67	86 × 26	21 × 64	19 × 53	41 × 81	82 × 46
43 × 18	80 × 60	34 × 36	92 × 100	82 × 44	80 × 6	42 × 61	58 × 100	77 × 62	64 × 35
68 × 31	36 × 42	25 × 87	77 × 97	77 × 95	78 × 5	93 × 66	57 × 7	70 × 26	12 × 28
61 × 91	73 × 9	87 × 80	84 × 60	7 × 19	76 × 79	18 × 48	78 × 14	82 × 39	36 × 47
60 × 94	24 × 87	66 × 76	13 × 76	5 × 52	31 × 52	50 × 37	73 × 76	57 × 28	55 × 45
4 × 17	91 × 59	19 × 99	86 × 46	87 × 44	25 × 32	90 × 66	69 × 67	68 × 86	44 × 12
68 × 9	56 × 56	88 × 25	30 × 82	75 × 3	56 × 54	84 × 91	43 × 43	4 × 65	89 × 67
89 × 61	27 × 99	63 × 84	68 × 7	9 × 71	85 × 43	77 × 96	61 × 36	70 × 95	70 × 6
71 × 85	88 × 71	48 × 99	24 × 27	64 × 4	18 × 77	23 × 2	20 × 95	30 × 89	62 × 46

Multiplication Drills 0 - 100

Name

Score / 100

Time :

3 × 9	45 × 12	2 × 51	19 × 91	21 × 98	75 × 80	93 × 23	35 × 38	66 × 10	70 × 28
71 × 9	33 × 75	19 × 13	1 × 16	62 × 31	81 × 69	12 × 3	9 × 21	40 × 62	61 × 95
17 × 53	15 × 42	45 × 96	9 × 49	6 × 48	83 × 96	59 × 9	25 × 94	75 × 70	92 × 89
50 × 4	30 × 89	19 × 7	69 × 91	15 × 15	99 × 5	49 × 76	12 × 18	94 × 91	30 × 23
5 × 52	11 × 15	49 × 84	11 × 5	78 × 15	45 × 70	69 × 72	46 × 14	24 × 26	24 × 40
28 × 18	36 × 91	49 × 79	48 × 84	96 × 8	2 × 85	41 × 70	85 × 98	92 × 16	41 × 35
96 × 65	14 × 100	70 × 30	36 × 78	31 × 98	94 × 69	67 × 91	95 × 87	18 × 21	66 × 70
37 × 27	9 × 72	14 × 61	30 × 99	87 × 47	22 × 9	85 × 90	43 × 63	6 × 36	22 × 20
44 × 70	53 × 98	13 × 33	18 × 50	75 × 98	82 × 72	50 × 71	97 × 70	57 × 42	87 × 10
1 × 37	91 × 84	78 × 86	84 × 77	48 × 33	82 × 82	99 × 46	28 × 67	73 × 11	59 × 81

Multiplication Drills 0 - 100

Name

Score / 100

Time :

38 × 92	43 × 29	26 × 11	53 × 98	35 × 55	48 × 51	68 × 74	1 × 90	77 × 47	19 × 83
2 × 31	68 × 82	55 × 65	48 × 99	40 × 25	78 × 33	28 × 46	61 × 74	44 × 50	98 × 34
42 × 60	17 × 20	17 × 92	62 × 56	52 × 63	98 × 55	6 × 18	68 × 8	25 × 61	73 × 61
63 × 53	59 × 11	77 × 16	25 × 23	14 × 27	47 × 28	49 × 85	42 × 42	15 × 49	66 × 63
4 × 91	48 × 76	27 × 24	28 × 11	78 × 54	50 × 83	76 × 38	71 × 88	1 × 7	43 × 2
69 × 40	43 × 26	17 × 71	7 × 21	76 × 27	93 × 76	95 × 11	58 × 72	6 × 83	84 × 54
88 × 14	45 × 60	77 × 64	51 × 12	15 × 54	42 × 9	7 × 65	94 × 64	49 × 23	60 × 56
18 × 8	35 × 52	89 × 66	80 × 99	83 × 18	23 × 89	14 × 56	95 × 83	49 × 54	21 × 95
8 × 23	85 × 84	70 × 31	17 × 94	24 × 83	24 × 30	37 × 81	79 × 93	99 × 4	75 × 85
32 × 15	70 × 25	87 × 17	52 × 40	70 × 66	75 × 8	36 × 23	100 × 13	68 × 77	5 × 59

Need to practice your multiplication and division skills?

Be sure to check out our other book...

Multiplication and Division Math Workbook

https://amzn.to/2YnnDHA

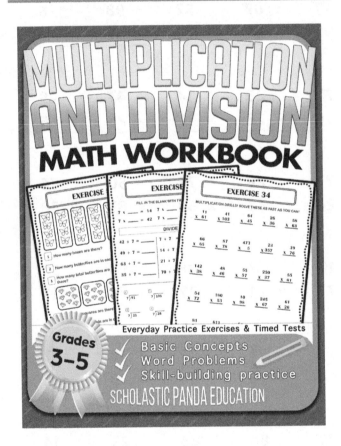

http://bit.ly/3ajtfrY

Answer Key

We 🤍 trees, which is why we've made the answer key digital.

Visit the below link to easily download it:

https://bit.ly/3PJLuKm

Bonus

Leave this book a review and
we may send you something special.

Made in the USA
Coppell, TX
10 July 2023

18976055R00063